W0245283

Andreas Guhr/Jörg Nagler
MYTHOS DER STEINE

Andreas Guhr / Jörg Nagler

MYTHOS DER STEINE

Ellert & Richter Verlag

Literaturverzeichnis:
Ägyptisches Totenbuch, Wien 1980
Arthur Beise, Die Erde, München o.J.
Friedrich Benesch, Apokalypse, Stuttgart 1981
Richard S. Brown (comp.) Austin J. Gordon (ed.), Handbook of Planetary Gemology, San Juan Capistrano, Kalifornien 1983
C. W. Ceram, Götter, Gräber und Gelehrte, Hamburg 1949
Daya Sarai Chocron, Heilen mit Edelsteinen, München 1984
Karl Chudoba/Eduard J. Gübelin, Edelsteinkundliches Handbuch, Bonn 1974
Ove Dragsted, Edelsteine in Farben, Berlin 1974
William T. Fernie, The Occult and Curative Powers of Precious Stones, San Francisco 1973
Gerda Friess, Edelsteine im Mittelalter, Hildesheim 1980
Das Gilgamesch-Epos, Stuttgart 1978
Gerhart Hanslik, Arzneilich verwendete Mineralien, Stuttgart 1960
Liselotte Hansmann/Lenz Kriss-Rettenbeck, Amulett und Talisman, München 1977
Die Heilige Schrift des Alten und des Neuen Testaments, Zürich 1955
A. Hermann, „Edelsteine", in: Reallexikon für Antike und Christentum, Band 4, 1959
Gertrud I. Hürlimann, Astrologie, Schaffhausen 1984
Rudolf Jubelt, Mineralien, Leipzig 1976
Friedrich Klockmann, Lehrbuch der Mineralogie, Stuttgart 1978
George Frederick Kunz, The Curious Lore of Precious Stones, New York 1971
Hans Lüschen, Die Namen der Steine, Thun/Schweiz 1979
Michael O'Donoghue, Enzyklopädie der Minerale und Edelsteine, Freiburg i. B. 1977
Platon, Sokrates im Gespräch, Vier Dialoge, Frankfurt 1960
Wally u. Jenny Richardson/Lenora Huett, Spiritual Value of Gem Stones, Marina del Rey/Kalifornien 1984
Peter Riethe (Hg.), Hildegard von Bingen, Salzburg 1959
Thomas Ring, Astrologie ohne Aberglauben, Düsseldorf 1972
Hans-Jürgen Rösler, Lehrbuch der Mineralogie, Leipzig 1981
Julius Ruska, Das Steinbuch des Pseudo-Aristoteles, Heidelberg 1912
V. Schloßmacher, Edelsteine und Perlen, Stuttgart 1969
Walter Schumann, Edelsteine und Schmucksteine, München 1981
Karl Spiesberger, Magneten des Glücks, Berlin 1971
Sun Bear & Wabun, Das Medizinrad München 1984
Mellie Uyldert, Verborgene Kräfte der Edelsteine, München 1983

Wir danken folgenden Firmen für Ihre freundliche Unterstützung:
Gebrüder Bank, Idar-Oberstein
Eickhorst & Co., Hamburg
G-Stones, Hamburg
Max Glas, München
Hamburger Mineralien Zentrum, Hamburg
Hans Walter Lorenz, Idar-Oberstein
A. Ruppental KG, Idar-Oberstein
Jacob und Klaus Eberhard Wild, Idar-Oberstein

Die Autoren
Andreas Guhr, geb. 1950 in Hamburg, Ausbildung als Keramiker, Grafiker und Maler. Seit 1972 selbständiger Mineralien- und Antiquitätenhändler. 1977 Gründung des Hamburger Mineralien-Zentrums.
Jörg Nagler, geb. 1950, promovierter Historiker und Amerikanist. Studium der Geschichte, Anglistik und Politologie in Kiel und USA.

Bildnachweis:
Farbfotos:
Studio Hartmann, Sobernheim: Titel, S. 18, 36, 82, 100, 101, 102
Ulrike und Olaf Medenbach, Witten: S. 17, 35, 81, 99, 119, 120
Monika Ruberg, Hamburg: S. 53 – 64
S/W Fotos:
Archiv Metzeltin, Hamburg: S. 78/79
Bildarchiv Preussischer Kulturbesitz, Berlin: S. 23, 31, 33, 44, 47
Bilderdienst Süddeutscher Verlag, München: S. 8/9, 10, 21, 39, 41, 43
Ullstein Bilderdienst, Berlin: S. 13

CIP-Titelaufnahme der Deutschen Bibliothek
Guhr, Andreas:
Mythos der Steine / Andreas Guhr; Jörg Nagler. - 2. Aufl. Hamburg: Ellert und Richter, 1989.
ISBN 3-922294-99-5
NE: Nagler, Jörg:

© Ellert & Richter Verlag, Hamburg 1986
2. Auflage 1989

Gestaltung: Hartmut Brückner, Bremen
Satz: Appelt Grafik-Design & Fotosatz, Hamburg
Lithografie: Krammer Repro, Linz
Druck: Karl Stiller, Remseck
Bindearbeiten: Paderborner Druck Centrum, Paderborn

Inhalt

Vorwort

Der frühe Mensch erkannte in den Steinen das Göttliche: In den Felsen
sah er die Behausungen von Göttern, in der Ausstrahlung der Mineralien und Fossilien sah er ihre Kräfte, in den glänzenden Edelsteinen
erkannte er das paradiesische Licht. Seit der Steinzeit wurde und wird
die gesamte Kultur des Menschen vom Steinreich geprägt. Dort
liegen die Anfänge unserer heutigen Faszination und Wertschätzung
der Edel- und Schmucksteine. Die bizarren Formen, klaren Farben und
ungewöhnlichen physikalischen Eigenschaften der Mineralien und
Edelsteine beflügeln seither die Phantasie des Menschen, ja, sie prägen
seine Mythen. Im Laufe der Geschichte wurden die astrologischen,
esoterischen und mineralogisch-chemischen Eigenschaften der Edelsteine entdeckt. All dies Wissen um diesen faszinierenden Naturbereich
wird in diesem Buch anschaulich und übersichtlich dargestellt.
Die Lektüre führt den Leser in die schillernden und magischen Reiche
unseres Planeten.
Der Mythos der Steine wirkt in der Tiefe unseres Bewußtseins. Wer
diesen Mythos in sich selbst entdecken möchte, dem hilft dieses Buch.
Den Autoren, Andeas Guhr und Jörg Nagler, ist es gelungen,
einfühlsam die Pforten der Wahrnehmung für die Wunder der Natur,
letztlich für das Mysterium unseres Daseins zu öffnen.

Christian Rätsch

Vom Stein zum edlen Stein

Mit dem Beginn des Paläolithikums, also der Altsteinzeit, etwa 200 000
bis 100 000 v. Chr., tritt der Mensch in einem universellen Prozeß
die Herrschaft über das Tierreich an. Der spaltbare Stein, der von ihm
zum Werkzeug, zum Faustkeil und zur Steinklinge geformt wird,
ermöglicht es ihm, die Schwächen seines Körpers zu überwinden und
seine Umwelt weitaus stärker als zuvor mitzugestalten. Diese
eminente Funktion des Steins in einem Hunderttausende von Jahren
umfassenden Prozeß hat es mit sich gebracht, daß der Mensch
ihn in seine Religionen einbezog und ihm so eine ungemein wichtige
Bedeutung zukommen ließ. Schon in der Altsteinzeit versuchten
die Menschen, sich Steine auch dadurch dienstbar zu machen, daß sie
ihnen durch das Einkratzen magischer Symbole bestimmte
Bedeutungen verliehen, lange, bevor eine Schrift auch nur in Ansätzen
existierte.
Ein Kultobjekt war also der heilige Stein. Steinhaufen bezeichneten
menschliche Kultstätten. Die Steinkugeln der altsteinzeitlichen
Moustérien-Epoche (benannt nach ihrem Fundort Le Moustier in der
französischen Dordogne), die zwischen 150 000 und 60 000 v. Chr.
datiert werden, sind die ersten bekannten Zeugnisse solcher Kultstätten
und können wohl als Symbol der Sonne interpretiert werden.
Erstmalig taucht hier in der Menschheitsgeschichte etwas auf, was nicht
unmittelbar zur Lebensbewältigung benötigt wurde. Ähnliche
Steinkugeln wie diese finden sich auch in der westfranzösischen
Charente und in Nordafrika.
Die Vorstellung, daß der Stein Sitz des Göttlichen ist, findet sich in
vielen späteren Religionen wieder. So hieß der heilige Stein der
kanaanäischen Religion „Bethel", was übersetzt „Haus Gottes" bedeutet.
Im christlichen Glauben erscheinen Jesus als der „Eckstein" und
seine Gemeinde als „lebendige Steine". Wenn der Stein als „Haus Gottes"
gilt, so ist der Schritt zum steinernen Altar, an dem Opfergaben
dargebracht werden, nicht mehr weit. Der Stein als das „Haus Gottes"
wirkte als der Schützende, der Spender der Fruchtbarkeit, der
Unvergängliche. Seine Beständigkeit ließ ihn auch zum wichtigsten
Bestandteil des Totenkultes werden. Durch die Gegenwart
des Steines sollte die Existenz verewigt, andererseits aber auch den
Bewohnern des Totenreiches der Zugang zur Welt der Lebenden

Das „Rätsel von Carnac" in der Bretagne: Granitblöcke, die um 3000 v. Chr. errichtet wurden.

Die Pyramiden von Gizeh. Sie erheben sich majestätisch aus ihrer kargen Umgebung.

verwehrt werden. Vom einfachen Steingrab bis zur Pyramide – all
diesen Erscheinungsformen von Begräbnisstätten liegt diese
Vorstellung vom Stein zugrunde. Unsere heutigen Grabsteine dienen
dazu, die Erinnerung an Verstorbene noch über Generationen
hinweg wachzuhalten.

In der jungsteinzeitlichen Megalith-Kultur (ca. 5 000 – 2 000 v. Chr.),
geprägt durch Großstein-Kultstätten in Westeuropa, begegnen
uns die bekanntesten Zeugnisse der Steinverehrung und -verwendung:
Dolmen, Grabkammern aus Steinen in tischähnlicher Anordnung
sowie Gang- und Kuppelgräber; die Steinalleen von Carnac in der Bretagne,
200 – 1 500 Meter lang; und am eindrucksvollsten schließlich die
gewaltige Rundanlage von Stonehenge/Südengland, die vermutlich auch
astronomischen Berechnungen dienen sollte.

Ebenfalls Funde aus der Jungsteinzeit sind die beiden berühmten
Lochsteine „Tolven" und „Menetol" in Cornwall. Ihre Öffnungen besitzen
einen Durchmesser von 40 und 53 Zentimetern, und es wird
angenommen, daß kranke Kinder zur Heilung hindurchgeschoben
wurden, um ihre Leiden „abzustreifen". Dies ist nur ein Beispiel
von vielen dafür, wie tief verwurzelt bereits in dieser Zeit die Vorstellung
der Menschen von einer Heilwirkung des Steines war.

Wo natürliche Lochbildungen vorhanden waren, oft entstanden durch
eingelagerte Fossilien, aber auch bei anderen Gesteinen – durch
Naturkräfte entstanden – , galten sie immer als etwas Magisches. Ihr
Gebrauch geht bis in die Altsteinzeit zurück, aus der schon Funde
von Halsketten belegt sind. Später, mit der Entwicklung einer höheren
Kultur und damit einer verbesserten Technologie, gelang es dem
Menschen, selbst Löcher in Steine zu bohren. Ein wichtiger Schritt, denn
von nun an konnte bewußt Körperschmuck hergestellt oder sogar
gefaßt werden. Das Amulett aus Stein war geboren.

Lediglich vom Karneol ist belegt, daß er schon in der mittleren Steinzeit
in der Gegend von Durddanskaja und Akcha in Sibirien zu feinsten
Klingen verarbeitet worden ist. In einigen prähistorischen Gräbern fand
man auch Karneole in Form von durchlöcherten Kugeln, also
Perlen. Der Besitz solcher Steine war sicherlich ungemein wichtig und
sollte dazu beitragen, die dämonischen Geister der Welt abzuwehren.

Sumer

Ihr Götter hier, so wahr des Lasuramuletts
An meinem Halse ich nicht vergesse:
Will ich die Tage hier, fürwahr, mir merken,
Daß ewig ihrer ich nicht vergesse!
Gilgamesch-Epos

In Mesopotamien, dem „Land zwischen den Flüssen" Euphrat und
Tigris, siedelten die Sumerer, deren Herkunft bis heute noch
ungeklärt ist. Bereits im vierten Jahrtausend vor Christus war ihnen die
Kunst der Edelsteinverarbeitung bekannt. Schon zuvor hatten sie
jene Steine als Wundersteine verwendet, die nach ihren Vorstellungen
mit magischen Kräften versehen waren. Hier begegnet uns auch
bereits der Glaube an die Heilkraft der Edelsteine. Einige sollten gegen
Krankheiten wirken, andere gegen Liebeskummer oder sogar vor
Diebstahl schützen.
Die Rollsiegel, die seit etwa 3 300 v. Chr. in Mesopotamien in Gebrauch
waren und die Stempelsiegel ablösten, bestanden aus Steinen wie
Lapislazuli, Serpentin und Hämatit. Sie wurden zum Versiegeln der Vor-
ratskammern im Tempelbezirk benutzt, wobei man unterschiedliche
Größen für die verschiedenen Würdenträger fand. Den Göttern wurden
Rollsiegel bis zu 16 Zentimetern Länge zugestanden, ein Fürst
hatte dagegen lediglich Anspruch auf eine Größe von etwa sechs
Zentimetern.
Da die Ausgrabungen zahllose dieser Rollsiegel ans Licht brachten und
die meisten von ihnen aus edlen Steinen gefertigt waren, kann
man zu recht sagen, daß Edelsteine in Mesopotamien zum alltäglichen
Gebrauch gehörten, zumindest für die obere Gesellschaftsschicht.
Der Assyrologe Samuel Noah Kramer beschreibt einen Teil dieser Siegel
folgendermaßen: „Eines der beliebtesten Themen für die Siegel-
schneider in Südmesopotamien war eine Szene, in der ein Mann einem
Gott durch einen anderen Gott vorgestellt wird, wahrscheinlich
der Siegeleigentümer dem persönlichen Schutzgott. Weiter nördlich in
Assyrien entwickelten die Siegelschneider ein ganzes Repertoire von
Gegenständen und Stilen mit heraldischen Motiven, Tierkampfszenen
und Göttergeschichten."
Für das Durchbohren dieser für den Besitzer kostbaren Siegel, die er der

Rekonstruktion des Kopfes der Sumerer Königin Shub-Ad, die um 2700 v. Chr. in Ur gestorben ist.

Länge nach entweder um den Hals oder an seinem Gürtel trug, benutzten die Sumerer Bohrwerkzeuge, die es ihnen ermöglichten, auch härtere Edelsteine zu bearbeiten. Damit war der Schritt zur Schmuckherstellung getan.

Die berühmten Königsgräber von Ur, die in der altorientalischen Stadt in Sumer 1922 freigelegt wurden, brachten Edelsteine schönster Verarbeitung ans Licht. In den insgesamt sechzehn Grabanlagen der Könige und Fürstinnen bzw. Priesterinnen fand man unter den Grabbeigaben Schmuck von höchster Vollendung, allerdings auch Gebeine von anderen Mitbestatteten wie Wachsoldaten und Hofdamen, die – freiwillig oder nicht – mit König und Priesterinnen in den Tod gegangen waren. C. W. Ceram hat einen der Edelsteinfunde näher beschrieben: „Auf einer dick gepolsterten Perücke reihten sich drei Schnüre aus Lapislazuli und rotem Karneol. An der untersten hingen goldene Ringe, an der zweiten goldene Buchenblätter, an der dritten Weidenblätter und goldene Blumen. Darüber steckte ein fünfspitziger Kamm, geschmückt mit goldenen Blumen mit einer Auslage aus Lapislazuli." Wie ein in den Königsgräbern gefundenes Brettspiel zeigt, wurden auch königliche Inventarstücke mit Edelsteinen verziert.

Sumerische Inschriften enthalten zahlreiche Edelsteinnamen, die mit diesen und ähnlichen Funden in Verbindung gebracht werden können. So waren zum Beispiel die goldenen Kleider von Götterstatuen, wie beim Schöpfer- und Sonnengott Marduk von Babylon, mit Edelsteinen besetzt. Wie man durch die Ausgrabungen bei den Königsgräbern von Ur weiß, wurden für die Königsbestattungen neben den obligatorischen Leinenstreifen auch Edelsteine verarbeitet. Später fanden diese Steine auch in der Architektur Verwendung. So ließ König Nebukadnezar das Dach des Nebotempels in Borsippa mit Gold und Edelsteinen verzieren. Einer der gebräuchlichsten Edelsteine der Sumerer war der Jaspis, der sowohl als Material beim Schnitzen von Götterfiguren als auch als Schutz- und Heilmittel eingesetzt wurde, letzteres besonders häufig bei schwangeren Frauen, um Schwangerschaft und Geburt zu erleichtern. Andere vielfach verwendete Edelsteine waren der nachtblaue, goldfleckige Lapislazuli, der zartfarbene Beryll, der grüne Smaragd und der Diamant. Den kassitischen Königen (16. – 12. Jhdt. v. Chr.) im heutigen Iran war der Lapislazuli zum Beispiel wichtig als Tauschmittel gegen das Gold Ägyptens. Der grüne Malachit war ebenfalls sehr beliebt; man

fand ihn unter anderem als Grabbeigabe in der Gruft einer babylonischen Königin in Form eines kleinen Täschchens.

Auch in den literarischen Schriften der Sumerer, wie beispielsweise im
Gilgamesch-Epos, das etwa 1200 v. Chr. entstand, werden Edelsteine
mehrfach erwähnt. So sucht Gilgamesch die „Edelsteinbäume" des
Göttergartens: „Er strebt, die Edelsteinbäume zu sehen: / Der Karneol,
er trägt seine Frucht, / Eine Traube hängt daran, zum Anschauen
geputzt. / Der Lasurstein trägt Laubwerk, / Auch trägt er Frucht, lustig
anzusehen." Die höchste Göttin schwört bei ihrem Amulett aus Lasurstein (Lapislazuli), und ein Goldschmied fertigt ein Bildnis aus diesem
Stein, der im Gilgamesch-Epos immer wieder auftaucht; auch Obsidian
wird genannt. Edle Steine werden hier aber auch als Material für kost-
bare Gebrauchsgegenstände erwähnt: „Kaum daß ein Schimmer des
Morgens graute, / Ließ er einen großen Tisch von Elammakku hin-
austun, / Von Karneol eine Schale füllt er mit Honig, / Von Lasurstein
eine Schale füllt er mit Butter an."

In einer sumerischen Hymne wird ein Tempel beschrieben, der ganz
und gar aus Silber und Lapislazuli erbaut worden ist und dessen
Fundamente roten Karneol enthalten. Wie in den literarischen Schriften
wurden auch in der gesprochenen Sprache edle Steine mit Glück und
positiven Kräften gleichgesetzt. Eng damit verbunden war schon bei den
Sumerern der Glaube, daß die Steine mit den Gestirnen in Verbindung
stünden und das Schicksal günstig beeinflussen könnten. Der Sternen-
kult wiederum stand in so enger Beziehung zum Götterglauben, daß die
Schriftzeichen für „Stern" und das Ideogramm für „Gott" im Sumerisch-
Babylonischen identisch waren.

Die ursprünglich in Babylonien entstandene Astrologie versuchte, die
Konstellation der Gestirne zu entschlüsseln und ihren Zusammenhang
mit dem Schicksal der Menschen zu ergründen.

Ägypten

Die Ureret-Krone ist in meinem Besitz
Die Göttin Maat, deren Lippen
Mit Kristall geziert und Smaragden
Sehet die Felder! Sie dehnen sich aus,
Geschmückt mit Kanälen aus Lapislazuli.
Ägyptisches Totenbuch

Der Glaube an ein Fortleben nach dem Tode war im alten Ägypten, dem „Geschenk des Nils", wie Herodot es nannte, besonders ausgeprägt. So verwundert nicht die Fülle von Edelsteinerwähnungen im Ägyptischen Totenbuch, denn in den Steinen sah man das Unsterbliche, das seine Schönheit, seinen Glanz auch nach dem Tode nicht verlieren würde. Der Tote sollte sich im Jenseits in angenehmer Umgebung bewegen und wohlfühlen können. Eine Unterscheidung zwischen Leben und Tod, wie sie uns geläufig ist, lag den Ägyptern fern. Der Stein, insbesondere der Edelstein, symbolisierte das Ewige. So war es nur natürlich, daß man ihn, der seinen Träger schon zu Lebzeiten geschmückt haben mochte, diesem auf seinem weiteren Weg, der nun ins Unbekannte führte, als Schutz und Schmuckwerk mitgab.

Schon sehr früh hat sich die ägyptische Mythologie mit Edelsteinen beschäftigt und sie mit dem Unsterblichen gleichgesetzt. Interessant ist dabei, daß der Anzahl der Edelsteinarten im Altägyptischen auffällig weniger Steinnamen entsprechen. Ein Grund hierfür könnte sein, daß man die hauptsächlich verwendeten Steine in Farbgruppen einteilte, wie z. B. „Blaustein", „Rotstein" und „Grünstein". Der Jaspis ist ein Grünstein, der Bergkristall ein Weißstein, und Obsidian wie auch Hämatit galten als „schwarze Steine". Erst später, seit dem Mittleren Reich, wurde die Bezeichnung „der violette Amethyst" häufiger gebraucht; seine ägyptische Namensnennung wurde übrigens von seinem nubischen Umschlagplatz abgeleitet.

Den beliebtesten Edelsteinen ordneten die Ägypter die an ihre Farben geknüpften Gefühlsbereiche zu. So bedeutete das Wort für den Rotstein Karneol gleichzeitig „Zorn" und „Wut" und dasjenige für den Grünstein Türkis soviel wie „Frische" und „Wachstum". Setzte man „Türkis" anstelle von „Karneol", so war das gleichbedeutend damit, durch Freude Zorn zu vertreiben.

Am beliebtesten waren in Ägypten die grünen Edelsteine. Sie erinnerten an das alljährliche Ergrünen des Niltales, wenn der Fluß das trockene braune Land wie durch ein Wunder in eine grüne Oase verwandelte. Ebenso wie in Sumer wurden mit Edelsteinen auch göttliche Eigenschaften und Züge beschrieben: „Du bist es, der Glieder von Gold, einen Kopf von Lapislazuli und eine Türkiskrone hat", – auf diese Weise rühmte man Osiris, Gott des Totenreiches und Bruder und Gemahl der Göttin Isis. Aber nicht nur Götter wurden mit Edelsteinen verglichen und besungen. Auf dem berühmten altägyptischen „Schabakastein" finden sich die

Beryll: Diese Kristallgruppe zeigt einen Beryll, wie er in der Natur gefunden wird.

folgenden Zeilen über die Schönheit einer Königstochter: „Dein Liebreiz ist wie der Liebreiz Anats / Deine Schönheit ist wie die Schönheit Aschtarats / Dein Haar wie Lasursteine schimmernd / Dein Augenlid wie eine Onyxschale, die mit Rubinen umgürtet ist."

Im Totenbuch des Ani heißt es: „Heil dir, der du herrlich bist, Atum, Horachte! / Wenn du im Himmelshorizont erscheinst, ... / Bestrahlst du die beiden Länder mit Malachitglanz."

In der altägyptischen Mythologie wird erklärt, wie die Sterne entstanden. Eine Himmelsgöttin sät am Firmament „Grünsteine" aus. Es sind u. a. Malachit und Türkis. Im Ägyptischen Totenbuch pflanzt der Luftgott Schu am Himmel zwei Türkis-Maulbeerfeigenbäume, zwischen denen dann Re – die Sonne – erscheint. Das Ägyptische Totenbuch ist eine Ansammlung solcher Mythologien. Seine einzelnen Sprüche sind interessanterweise auf Edelsteine eingeritzt worden, so auf Jaspis, der in der magischen Glyptik (Steinschneidekunst) der Ägypter eine besonders große Rolle spielte, auf Lapislazuli, Karneol, Serpentin und anderen Edelsteinarten. Auch wurde anhand des Standes von Sonne und Mond genau ausgerechnet, wann es am günstigsten sei, die Steine mit den Hieroglyphen zu beschriften. Jeweils ein Abschnitt des Totenbuches war in eine bestimmte Edelsteinart eingraviert, und jede Art war dem Gott zugeordnet, der in dem jeweiligen Teil angerufen werden konnte. Da die Götter in vielen Fällen mit Himmelskörpern identifiziert wurden, liegt hier der ägyptische Ursprung der Beziehung zwischen Sternen und Edelsteinen.

Dem Verstorbenen sollten die magischen Sprüche, die ihn im Jenseits beschützen und ihm ewiges Leben verleihen sollten, über mit Edelsteinen besetzte goldene Amulette hinweg zugeflüstert werden. Seine Seele wurde dabei mit einem strahlenden Juwel verglichen: „Erlös' meine Seele, du Horus-Auge! / Einem Juwele gleich lasse sie zieren Ra's Stirn." Genaue Anweisungen dazu, wie ein Karneol-Amulett am Körper eines Verstorbenen befestigt werden sollte, finden sich ebenfalls im Totenbuch. In den „Türkisräumen des Himmels" sollte der Verstorbene dann seinen Frieden finden.

Die Bedeutung der Edelsteine für die Ägypter unterstreicht am eindrucksvollsten eine Passage des Totenbuches, worin ein Verstorbener angesprochen wird:

„Wie Lapislazuli blau ist deine Brust / Dunkler sind deine Locken / Als der Totenwohnstätte finstere Pforten / Ra's Strahlen beleuchten dein

Chalcedone: Der bläulichweiße Chalcedon gehört zur Quarzgruppe.

Antlitz / Mit Lasursteinen geschmückt ist dein goldgewobenes Kleid /
Dein oberes Augenlid ist mit Lasurstein geziert / Deine Glieder,
kraftstrotzend, mit Gold belegt / Deine Brüste schwellend, Kristalleiern
sie gleichen / Horus hat sie mit Lapislazuli gefärbt / wie Kristall
durchsichtig sind deine Schultern."
Die berühmt gewordenen Grabfunde des Tut-ench-Amun ähneln diesen
Beschreibungen sehr. Die Totenmaske des Königs war mit Lapislazuli,
Karneol, Alabaster und Obsidian ausgelegt. Auch seine „magische
Rüstung" war mit Amuletten aus Hämatit und Karneol bedeckt. Insge-
samt war Tut-ench-Amun in mehrere Lagen von Gold und Juwelen
gebettet, als Forscher die Grabkammer zum ersten Mal betraten. Howard
Carter, der Entdecker dieser Grabstätte, schrieb über das erstmalige
Betreten der eigentlichen Grabkammer und den Anblick der unermeßlichen
Schätze: „Ein einziger Blick genügte, uns zu zeigen, daß sich hier
die größten Schätze des Grabes befanden"; das Anschauen selbst wurde
dabei fast als Entweihung empfunden.
Die meisten Schmuckgegenstände in der „Schatzkammer" des Tut-ench-
Amun waren eigens für das Jenseits angefertigt worden. Nur wenige
Ringe, Amulette und Ketten hatte der junge König schon zu Lebzeiten
getragen. Sieben große Kragen bedeckten Brust und Schulter der
Mumie; sie alle zeigen die gleiche Form: geflügelte Tiere mit ausgebreiteten
Schwingen aus Gold, die annähernd einen Halbkreis bilden und dem
Träger magischen Schutz geben sollen. Türkis, Jaspis und Karneol
schmücken diese Brustschilde, die dadurch überwiegend in grünen und
roten Tönen leuchten. Am rechten Unterarm trägt der König ein Armband,
dessen Hauptstück ein aus Karneol geschnittenes heiliges Udjat-Auge
bildet. Das Udjat-Auge war neben dem Skarabäus das beliebteste
Amulett des Alten Ägypten und wurde zum Schutz vor mancherlei
Krankheiten getragen, zumeist Augenleiden. Auch dem Toten sollte es
als Schutz dienen sowie – und dies war seine hauptsächliche Aufgabe –
als Hilfe bei dem Durchlaufen der verschiedenen Bereiche im Jenseits.
Bedenkt man, daß Tut-ench-Amun ein relativ unbedeutender König
war, so wird vorstellbar, wie die „ewigen Wohnstätten" der bedeutenden
Fürsten geschmückt worden sein mußten. Leider kamen Grabräuber
den Archäologen zuvor.
Als man Tut-ench-Amun um 1360 v. Chr. bestattete, konnte man im
alten Ägypten schon auf eine beinahe zweitausend Jahre alte Tradition
der Schmuckverarbeitung von Edelsteinen zurückblicken, was durch

Die Goldmaske der Mumie des ägytischen Pharaos Tut-ench-Amun.

bestimmte Funde, bei denen zum Beispiel durchbohrte Steine in Form von Kettengliedern entdeckt wurden, bewiesen wird.

Amulette wurden in Ägypten aber nicht nur den Toten mit ins Grab gelegt, sondern auch Lebende wußten sich damit zu schützen. So wurden Karneolperlen zum „Liebeszauber" verwendet, und Nephrit sollte den Träger vor dem Ertrinken retten. Zur pharaonischen Zeit überwiegt unter den Edelsteinfiguren der Skarabäus, der sowohl als Amulett als auch als Siegelfigur diente. Amulette am Kopfende des Bettes sollten einen friedlichen Schlaf verleihen. Sowohl Figuren als auch Embleme bildeten die Vorlagen für Amulette aus Edelsteinen, u. a. Tiere, Götter und Lebenssymbole.

Das Totenbuch belegt, daß der jeweilige Stein dabei für die beabsichtigte Wirkung ganz entscheidend sein sollte. Herzförmige Amulette wurden zum Beispiel aus Lapislazuli, Karneol oder blaugrünem Feldspat hergestellt, Skarabäen aus Grünstein und „Isisblut" aus Karneol. Man nimmt an, daß sich die angeblich magische Kraft der Edelsteine aus der ihnen zugesprochenen göttlichen Herkunft ableitete; so wurden z. B. rote Steine mit dem Blut, gelbe mit der Haut und blaue mit den Haaren der Götter in Verbindung gebracht.

Die ägyptische Goldschmiedekunst war hoch entwickelt und beeinflußte weit über die Pharaonenzeit hinaus die Juwelierkunst der Antike. Edelsteine wurden entweder zu Kettenperlen oder als in Gold gefaßte Teile von Diademen, Arm- und Fußreifen und Ohrschmuck verarbeitet. Die dafür erforderlichen Steine besorgten sich die Ägypter auf eigenen Expeditionen, sehr oft auf der Sinai-Halbinsel, wo sich mehrere Türkisminen befanden. Lapislazuli wurde auf Feldzügen im Raum von Syrien und Babylonien beschafft. Nubische Edelsteine wie Karneol und Amethyst wurden vom dortigen Statthalter als Tribut nach Ägypten entsandt.

Vorderasien

Im Gegensatz zum Edelsteinreichtum Ägyptens und Mesopotamiens fehlten bei den vorderasiatischen Hethitern, die im 2. Jahrtausend v. Chr. eine hohe Kultur entwickelten, Edelsteinarbeiten fast völlig. Lediglich für einige Siegel verwendete man Hämatit. Interessant ist, daß der gleiche Stein bei diesem Volk offenbar zum Exorzismus eingesetzt wurde. Aus der Bronzezeit fand sich allerdings vielfach altanatolischer Schmuck aus Bergkristall und Karneol.

Das Falken-Pektoral des Tut-ench-Amun: ein Schutzamulett aus Gold, Halbedelsteinen und Glas.

Im alten Persien standen die Edelsteine dagegen wiederum in hohem Ansehen. Ähnlich wie bei den Sumerern und Ägyptern wurden den Toten wertvolle Steine als Grabbeigaben gewidmet. Am beliebtesten waren Türkis, Lapislazuli und Karneol. Auch aus Anlaß der Weihung von Königen wurden „magische" Edelsteine bei der Zeremonie verwendet. Der magische Charakter der Steine ließ sie auch bei den Persern in einem kosmischen Bezug erscheinen.

Im großen babylonisch-assyrischen Epos „Ischtars Höllenfahrt" werden die kostbaren Edelsteine besungen, die diese Muttergöttin trägt, unter anderem ihr „Gebärgürtel" aus Nephrit mit den „Geburtssteinen" (Adlersteinen). So muß die Göttin am fünften Tor der Unterwelt diese Steine, „aban aladi" genannt, ablegen, um hindurchzugelangen.

In einem anderen alten assyrischen Text wird eine Beschwörungsformel für ein Ornament verwendet, das mit sieben Edelsteinen besetzt sein soll und von Königen als Amulett getragen wird. Diese Steine und ihre Wirkung wurden so hoch eingeschätzt, daß sie sogar den Göttern als Amulettsteine dargebracht wurden. In der Formel heißt es: „Glänzende prächtige Steine; glänzende prächtige Steine / Steine der Freude und des Glücks / Leuchtende Pracht für das Fleisch der Götter / Der Hulalini Stein, der Sirgurru Stein, der Hulalu Stein, der Sandu Stein / der Uknu Stein, der Dushu Stein, der wertvolle Elmeshu Stein, vollendet in himmlischer Schönheit. / Auf die glänzende Brust des Königs als Ornament gelegt / Azagsud, Hohepriester von Bel, bringe sie zum Glänzen, bringe sie zum Leuchten / Bewahre dieses Haus vor dem Bösen." Die einzigen Steine dieser Beschwörungsformel, von denen wir mit Sicherheit wissen, um welche es sich handelt, sind der Uknu - ein Lapislazuli - und der Elmeshu, der wertvollste der sieben, der Diamant.

Diese altorientalischen, magisch-mythologischen Interpretationen der Edelsteine haben innerhalb des Schmelztiegels der vorderasiatischen Völker weitergewirkt; zunächst auf die Juden in Palästina, dann über sie auf das Christentum.

Israel

Siehe, ich will deine Grundfesten aus Malachit bilden und deine Fundamente aus Saphiren. Ich will deine Zinnen von Rubinen machen und deine Tore aus Karfunkeln und deinen ganzen Wall aus köstlichem

Gestein, und all deine Söhne werden Jünger des Herrn. Groß wird sein
die Wohlfahrt deiner Kinder, und auf Heil wirst du dich gründen.
Jesaja 54, 12 - 14

Im ganzen Orient schmückten sich Könige, Priester und andere Würdenträger mit edelsteinverzierten Brustschilden. Zahlreiche Grabfunde
aus der Pharaonenzeit beweisen dies. Von hoher kultischer Bedeutung
war dabei der mit zwölf Edelsteinen versehene Brustschmuck der
Hohenpriester der mosaischen und nachmosaischen Epoche, für den so
etwas wie ein „Edelsteinorakel" existierte. Vor der babylonischen
Gefangenschaft diente dieses Orakel dem Judentum zur Erforschung des
göttlichen Willens. Im Alten Testament (2. Buch Mose, Kap. 28) wird
genau beschrieben, wie der Brustschmuck nach dem Willen Jahwes
beschaffen sein sollte: „Viereckig soll es sein, doppelt gelegt, eine Spanne
lang und eine Spanne breit; und du sollst es mit einem Besatz von
Edelsteinen besetzen, in vier Reihen von Steinen; in der ersten Reihe
stehen nebeneinander ein Karneol, ein Topas und ein Smaragd; in der
zweiten Reihe ein Rubin, ein Saphir und ein Jaspis; in der dritten Reihe
ein Hyazinth, ein Achat und ein Amethyst; in der vierten Reihe ein
Chrysolith, ein Soham und ein Onyx."
Die „heilige" Zahl Zwölf der Steine, die hier die Zahl der Stämme Israels
symbolisiert, ist für den ganzen mediterranen Raum belegt: für die
zwölf Tierkreiszeichen wie für die zwölf olympischen Götter. Der
Ursprung lag in Mesopotamien, und auch die Ägypter hatten diese Zahl
in ihre Religion einbezogen. Im geistigen Mittelpunkt Ägyptens stand
eine Priesterschaft, die auch die Beobachtung der Gestirne zur Aufgabe
hatte. In der reinen, klaren Luft, in der sogar die Jupitermonde mit
bloßem Auge erkennbar sind, war dies eine wichtige Aufgabe für ein
Volk, das überwiegend vom Ackerbau lebte. Die Einteilung des Kalenders in
zwölf Monate hatte auch ihren Einfluß auf die mythisch-religiöse
Entwicklung: Die Zahl Zwölf wurde als sich ewig wiederholendes, von
den Göttern gewolltes Prinzip angesehen.
Da es in Palästina selbst keine Fundstätten gab, Edelsteine im Alten
Testament aber häufig Erwähnung finden, können sie nur aus anderen
Ländern „importiert" worden sein. Den Namen nach zu urteilen,
stammten Jaspis, Beryll und Lapislazuli aus Mesopotamien und Karneol,
Amethyst, Hyazinth sowie Türkis aus Ägypten.
Eine andere Stelle des Alten Testaments enthält die Beschreibung des

Paradiesmenschen, der am Tag seiner Erschaffung mit Edelsteinen geschmückt wurde: „In Eden, dem Gottesgarten, warst du, warst bedeckt von allerlei Edelsteinen: Karneol, Topas und Jaspis, Chrysolith, Soham und Onyx, Saphir, Rubin und Smaragd, und von Gold war die Arbeit der Fassung und der Vertiefungen an dir." (Ezechiel 28, 13) Interessant ist, daß die hier verwendete Zürcher Bibel (neu übersetzt von 1907 bis 1931) an dieser Stelle wie auch bei weiteren aufgeführten Zitaten andere Edelsteinnamen nennt als die Übersetzung von Martin Luther, was darauf schließen läßt, daß die Steine teilweise schwierig zu identifizieren gewesen sein müssen.

Die leuchtenden Edelsteine des Paradiesmenschen sind als Ergebnis einer alten Sternenlegende gedeutet worden. Auch hat man den Mythos vom Sturz der Engel als Sterne (bzw. Edelsteine) zu den Tierkreiszeichen in Beziehung gesetzt. Hier findet sich der Ursprung für spätere Praktiken, bestimmte Sterne bestimmten Edelsteinen zuzuordnen, ein Thema, das uns an anderer Stelle noch beschäftigen wird.

Im Alten Testament lassen sich noch viele Verweise auf den Gebrauch und die Bedeutung von Edelsteinen im alten Israel nachlesen. Ezechiel sieht in einer Vision hinter der „Himmelsveste" über der Erde „sieben Berge aus Edelsteinen"; ein Thron erschien ihm am Himmel wie aus Lapislazuli. Henoch erblickte einen Himmel aus Kristall. Vom gefallenen Engel Asasel hatten die Menschen Herstellung und Gebrauch von Schmuck und Edelsteinen erlernt. Zur Stellung des Steinschneiders bzw. Goldschmieds findet man im Alten Testament auch nähere Hinweise: „Dann sprach der Herr zu Mose: Siehe, ich habe Bezaleel, den Sohn Uris, des Sohnes Hurs, vom Stamme Juda, mit Namen berufen und habe ihn mit göttlichem Geist erfüllt, mit Weisheit, Verstand und mit Kenntnis in allerlei Arbeiten, um Erfindungen zu ersinnen und sie auszuführen in Gold, Silber und Erz und durch Bearbeitung von Edelsteinen zum Besetzen ..." (2. Buch Mose, 31,1).

Legt man das Alte Testament als richtungsweisend für die Lebensweise der Juden in Palästina zugrunde, so kann man davon ausgehen, daß ihnen das Tragen von Edelsteinen nur mit Bezug auf das Göttliche gestattet war, da jegliche „profane" Nutzung dieses „heiligen" Materials abgelehnt wurde.

Griechenland und Rom

Es heißt, zunächst einmal, die eigentliche Erde, sie biete von oben her
gesehen ein Bild wie ein zwölfteiliger Lederball, sei bunt, in Farbenstreifen
abgeteilt ... Derselbe Abstand bei den Gebirgen und den Steinen! Sie
seien an Glätte, Schein und Farbe prächtiger. Von ihnen stammten auch,
als Splitterchen, die hier so sehr begehrten Edelsteine, wie Karneol und
Jaspis und Smaragd und wie sie alle heißen.
Platon, Phaidon

Nicht immer waren Edelsteine in Griechenland und Rom gleichermaßen
beliebt. Erst seit der klassischen Epoche und im Hellenismus verarbeitete
man in Griechenland eine Vielzahl von ihnen, während zuvor überwiegend einfachere Steine wie Steatit - z. B. für Gemmen - und einige
Chalcedonarten verwendet worden waren.
Für die griechische Edelsteinkunst und das dortige Ansehen der Steine
waren auch die Perserkriege entscheidend, die sie mit den religiösen
Ansichten und kultischen Gebräuchen dieses Volkes bekannt machten.
Auf diese Weise lernten die Griechen auch die persischen Vorstellungen
von den geheimen Kräften der Edelsteine kennen, die in der Folge in
die Kultur - auch in die Literatur - der hellenistischen und spätantiken
Epoche einflossen. Im alten Rom schließlich erlebte die antike Edelsteinkunst einen Höhepunkt, auch hinsichtlich der Verschiedenartigkeit
der verarbeiteten Steinarten.
In der prunkvollen Kaiserzeit waren Hartsteine wie Diamant, Rubin,
Saphir, Topas, Aquamarin, Chrysolith, Lapislazuli, Malachit und Türkis
besonders angesehen und beliebt; außerdem verwendete man verschiedene Chalcedone - u. a. Karneol, Jaspis, Achat, Onyx und Heliotrop
- sowie Amethyst und Bergkristall.
Die im alten Rom verarbeiteten Edelsteine kamen zum größten Teil aus
dem Orient. Arabien und Äthiopien lieferten Amethyst, Topas, Obsidian
und Heliotrop, Kreta den Korallenachat. Bergkristall erhielt man aus
Zypern, Smaragde und Jaspis aus Kleinasien. Der überwiegende Teil der
Steine stammte jedoch aus Babylonien und ferneren Ländern wie
Persien und auch Indien. Letzteres lieferte während der Kaiserzeit u. a.
Diamanten, Rubine, Saphire, Opale, Lapislazuli, Turmaline und
den Beryll. Daß Indien reich an solchen Steinen war, wußte man in der
Antike, seit griechische Indienfahrer um 120 v. Chr. neben Gewürzen

auch Edelsteine aus diesem fernen Land nach Ägypten mitgebracht
hatten. Die römische Literatur kennt indische Edelsteine als Zeichen von
Prunk und Luxus.

Aber auch das heutige Europa deckte einen Teil des großen römischen
Bedarfs an Edelsteinen. So fand man Achate im sizilianischen
Fluß Achates und Bernstein an der ligurischen Küste, wobei bis heute
allerdings nicht ganz feststeht, ob es sich dabei tatsächlich um
den ursprünglichen Fundort oder möglicherweise nur um einen stark
frequentierten Umschlagplatz handelte.

Farbe, Glanz und Herkunft der Steine bildeten wie schon im alten Orient
die Grundlagen für deren Bestimmung und Einteilung. Neben ihrer
wichtigen Funktion als zierendes Schmuckstück an Kleidung und Körper
- wie Broschen, Ketten, Ringe und Armreifen - dienten Edelsteine im
Altertum auch zur wertvollen Dekoration in der Architektur, so z. B.
beim Bau von bedeutenden Tempeln und Palästen, wo beispielsweise
Fußböden mit ihnen verschönert wurden, wie im römischen Palast des
Jupiter für Psyche. In der Kaiserzeit schmückte man auch das römische
Kapitol, das vorher nur mit Laub bekränzt gewesen war, mit wertvollen
Steinen. Der erste römische Kaiser, Augustus (63 v. Chr. - 14. n. Chr.),
Förderer der Kunst und Liebhaber von Edelsteinen, weihte auf dem
Kapitol den größten bekannten Bergkristall der damaligen Welt. Er wog
über 50 Pfund.

Das Bearbeiten der Steine erfolgte damals in ähnlicher Form wie heute.
Nachdem man dem Stein durch Schneiden und Schleifen die
gewünschte Form verliehen hatte, wurde er häufig noch mit Gravuren
versehen, bevor er schließlich poliert und durch einen Goldschmied
eingefaßt wurde.

Die über Asien nach Griechenland gelangten mythischen Legenden von
geheimen Kräften und Ursprüngen der Edelsteine beeinflußten auch die
Vorstellungen im alten Rom. So herrschte der Glaube, Chalcedon sei
durch „göttlichen Regen" und Hämatit gar aus dem Blut des von Kronos
verwundeten Uranos entstanden. Vom Achat hieß es, er helfe Perlen-
fischern, da er, ins Meer geworfen, von Perlmuscheln angezogen würde.
Um die in den Edelsteinen schlummernde Zauberkraft zu wecken, mußten
sie geweiht werden, wobei strenge Regeln - u. a. Enthaltsamkeit - und
Pflegevorschriften zu beachten waren; durch die Zauberformeln wurde
der Stein „beseelt" und „redete" zu seinem Träger, der ihn „atmen" sah;
die Orakelkraft des Edelsteins erlosch, wenn sein Träger ihn fallen ließ.

Erwähnt wird, daß es verboten war, geweihte Edelsteine abzulegen; weiter war untersagt, sie – etwa durch Berührung mit Toten – zu verunreinigen.

Die Zauberkraft der Edelsteine machte sie auch für die Lithotherapie interessant, von der im Kapitel über die Heilkräfte der Edelsteine noch die Rede sein wird. Diese Form der Heilkunde sah vor, daß Edelsteine entweder als Amulette zu tragen oder pulverisiert Salben und Heilgetränken beizumengen waren. Beim Amulett tat der Stein seine Wirkung aus sich selbst; sie konnte aber, wie bei den gnostischen „Abraxasgemmen", durch ein eingeschnittenes Bild oder eine Inschrift erhöht werden. Jedem Edelstein wurde dabei eine besondere magische Wirkung zugesprochen.

In der Antike wurden wie in Sumer und Ägypten Edelsteine zu Sternen bzw. Planeten in Beziehung gesetzt. In ihrem Glanz sah man das Licht der Sterne und der Sonne strahlen. Abraham erhält im jüdischen Talmud von Gott einen Edelstein, mit dem er Kranke heilen konnte. Nach dem Tod Abrahams soll nach der Erzählung des Talmudisten Abbaji Gott den Stein der Sonne übergeben haben, was wiederum ihre Kraft vermehrte.

Christentum und Neues Testament

Ein Thron stand im Himmel, und auf dem Thron saß einer, und der darauf saß, war seinem Aussehen nach gleich einem Jaspis- und Karneolstein, und ein Regenbogen war rings um den Thron, seinem Aussehen nach gleich einem Smaragd.
(Offenbarung 4, 2–3)

Im Gegensatz zum Alten Testament werden Edelsteine und Perlen im Neuen Testament nur selten erwähnt. Der Prunk dieser Welt sollte verachtet und nur die himmlischen Schätze durften gepriesen werden. Paulus allerdings erinnert seine Gefährten daran, bei der Verkündigung des Evangeliums, bildlich gesprochen, nur solche Materialien zu verwenden, die dem Feuer des Jüngsten Gerichts ebenso standhalten könnten wie die Edelsteine. Die Offenbarung des Johannes spart allerdings nicht mit der Erwähnung von edlen Steinen. Das „Neue Jerusalem" ist darin mit einer Mauer umgeben, die leuchtet wie „kristallheller Jaspis"; aus zwölf Schichten von Edelsteinen ist diese Mauer erbaut.

Wie sehr diese Steine die religiösen Vorstellungen der Christen durch-
drangen, demonstriert diese Beschreibung: „Die Mauer war aus
Jaspis gebaut, die Stadt selbst aus lauterem Gold, das einem durchsichti-
gen Kristall glich. Die Fundamente der Stadtmauer waren mit Edelsteinen jeder Art geschmückt: das erste Fundament mit Jaspis, das zweite
mit Saphir, das dritte mit Chalcedon, das vierte mit Smaragd, das fünfte
mit Sardonyx, das sechste mit Karneol, das siebente mit Chrysolith,
das achte mit Beryll, das neunte mit Topas, das zehnte mit Chrysopras,
das elfte mit Hyazinth, das zwölfte mit Amethyst." (Kap. 21, 19 – 21)
Die Anthroposophen, die sich intensiv mit der Beziehung zwischen
Mensch und Mineralreich auseinandersetzen, sehen in der Offenbarung
des Johannes und der Apokalypse eine Versinnbildlichung der
Durchdringung des Menschen durch das Mineralische. Die sinnliche
Erscheinung der Edelsteine trägt für sie etwas in sich, das mit der
geistigen Erscheinung korrespondiert. Besonders das vierte Kapitel der
Apokalypse, in dem Gott auf dem himmlischen Thron mit einem Jaspis
und Karneolstein verglichen wird, umgeben von einem smaragdenen
Regenbogen, ist für die Anthroposophen die Versinnbildlichung der
Identität der sinnlichen Erscheinung der Edelsteine und der geistigen
Erscheinung Gottes.
Bei allem Wandel im einzelnen haben die Edelsteine die symbolische
Bewertung, die ihnen von altersher zuerkannt wurde, niemals verloren.
In der Zeit des jungen Christentums begünstigte der Zwiespalt zwischen
der biblischen Aufforderung zur Verschmähung irdischer Schätze und
der ebenfalls biblisch belegten Anerkennung der Edelsteine als einer
geläuterten Gottesgabe die Aufnahme der Edelstein-Symbolik in die
kirchliche Gedankenwelt.

Das Mittelalter

Jegliche Kreatur ist mit der Sünde der ersten Menschen behaftet,
besonders aber die Edelsteine, die Gott, wie die Kräuter und viele andere
Dinge, dem Menschen zum Nutzen geschaffen hat. Auch werden die
Kräfte der Edelsteine geschädigt durch das Anfassen und Hantieren von
Seiten der unreinen, sündigen Menschen.
Konrad von Megenberg, 1309 – 1374

Im Mittelalter wurden die Vorstellungen der Antike über die Edelsteine

Die Mystikerin Hildegard von Bingen zeichnet ihre Visionen auf (Miniatur aus ihrem Codex „Scivias").

zum größten Teil übernommen und von einzelnen Autoren, wie z. B.
der Mystikerin Hildegard von Bingen, Albertus Magnus und Agrippa von
Nettesheim in ausführlichen Überlegungen weiter beschrieben.
Weit davon entfernt, eine „empirische Wissenschaft" zu betreiben, die
vielleicht die alten Schilderungen der antiken Autoren in Zweifel ziehen
würde - so z. B. die Auffassung, ein Diamant lasse sich durch Bocksblut
sprengen -, spekulierten diese Autoren immer aufs neue darüber, wie
Edelsteine entstanden sein könnten: „Jeder Stein hat Feuer und
Feuchtigkeit in sich. Der Teufel hat Schrecken, Haß und Verachtung
gegen die Edelsteine. Sie erinnern ihn nämlich daran, daß ihr Glanz
schon erschien, ehe er von der ihm von Gott verliehenen Herrlichkeit
herabstürzte, und außerdem entstehen manche Edelsteine in dem Feuer,
in dem er selbst seine Strafpeinen erleidet." (Hildegard von Bingen)
Religiöse Vorstellungen flossen im Mittelalter noch immer stark in die
Wissenschaft ein, und so ist dieser Erklärungsversuch über das Zustande-
kommen von Edelsteinen nicht verwunderlich. Die Mystikerin Hildegard
von Bingen (um 1100 - 1179) allerdings versuchte schon, die Herkunft
der Steine anders als religiös zu deuten. Bestimmte Naturphänomene
schienen für sie bei der Entstehung von Edelsteinen zugrundezuliegen.
In ihrem Werk „Physika" schreibt sie darüber: „Im Osten und wo allzu
heftige Sonnenglut herrscht, entstehen die Edelsteine. Die Berge in jenen
Gegenden haben von der Sonnenglut Hitze wie Feuer, und die Flüsse
dort sind von ihr immer heiß, so daß zuweilen eine Überschwemmung
dieser Flüsse losbricht und sie zu jenen Bergen emporsteigen. Es werden
dann die ebenfalls von der Sonnenhitze glühenden Berge von ihnen
berührt, und wo das Wasser mit dem Feuer zusammentrifft, werfen sie
Schaum aus, wie es bei feuerglühendem Eisen oder feuerflüssigem
Steine ist … Nun bleibt hier der Schaum haften und erstarrt während
dreier oder vier Tagen zu Stein. Hört dann die Überschwemmung der
Wasser wieder auf, so daß sie wieder in ihr Bett zurückkehren, dann
trocknet dieser Schlamm, der an verschiedenen Plätzen an den Bergen
hängen blieb, je nach den Tageszeiten und deren Temperatur aus. Je
nach der Temperatur dieser Tagesstunden bekommt der Schlamm Farbe
und Kräfte und wird zu Edelsteinen verhärtet. Tritt dann wieder eine
Überschwemmung dieser Flüsse ein, dann nehmen sie zahlreiche
derartige Steine auf und tragen sie in andere Länder, wo sie schließlich
von Menschen gefunden werden."
Die häufige Erwähnung der Edelsteine in der Bibel hatte ihren Einfluß

Der Naturforscher, Philosoph und Theologe Albertus Magnus (um 1200 – 1280).

auf die mittelalterliche Art, Edelsteine zu beschreiben und zu interpretieren; sowohl Dichtung als auch allgemeines Denken wurden davon berührt. Viele Autoren des Mittelalters beschäftigten sich mit der allegorischen Auslegung der zwölf Edelsteine der Apokalypse, wobei es ihnen nicht so sehr auf deren eigentliche Beschaffenheit ankam, sondern vielmehr auf ihre Farbe.

Beda, der englische Kirchenlehrer des 7./8. Jahrhunderts, interpretierte die betreffende Stelle der Apokalypse und stellte fest, daß jeder der zwölf Edelsteine ein Symbol für die Fundamente des „Neuen Jerusalem" sei. Einzelnen Steinen sprach er dabei bestimmte Qualitäten zu. Hier eine Auswahl: „Im Jaspis wird auf das Grünen des Glaubens hingedeutet … Im Chalcedon wird die Flamme der inneren Liebe dargestellt … Im Beryll das vollkommene Wirken der Propheten. Im Topas wird ihre glühende Schau gezeigt … Es sind also die einzelnen Edelsteine den einzelnen Fundamenten zugeordnet, weil zwar alle vollkommen sind, durch welche die Stadt unseres Gottes auf seinem heiligen Berg geziert und begründet wird, sie leuchten aber durch das Licht der geistlichen Gnade."

Im 11. Jahrhundert erweiterte sich die Edelsteinkenntnis im Abendland. Lapidarien, also Steinbücher, entstanden auf der Basis von spätantiken Quellen. Hier ging es zunächst nicht um die allegorische Auslegung der Edelsteinnamen, sondern um die magischen Kräfte der Steine. Farben spielten dabei eine große Rolle. Rote Steine wurden mit Blut in Verbindung gebracht. So sollte der Karneol das Blut stillen, der Almandin den Kreislauf stärken. Der grüne Smaragd sollte die Augen heilen und die Sehkraft fördern. Magische Kraft wurde aber nicht nur den besonders ausdrucksstarken Steinen zugesprochen, sondern auch weniger ansprechenden wie z. B. dem Antimonit.

Ernst und fromm glaubten die Menschen des Mittelalters an die Wunderkräfte der Edelsteine. Spätantikes Gedankengut wurde mit heidnischer und christlicher Kultur vermengt, und wo man eine zusätzliche Untermauerung für die angenommene Wirkung bestimmter Steine brauchte, tauchte immer wieder die Wendung auf, Gott habe den Edelsteinen wundersame Kräfte gegeben, die nicht anzuzweifeln seien. Hildegard von Bingen schreibt darüber: „Aber wie Gott für Adam ein besseres Teil zurückgewann, so ließ er auch die Zier und die Kraft der Edelsteine nicht zugrunde gehen; er wollte vielmehr, daß sie zur Ehre und zum Segen und als Heilmittel auf der Erde blieben."

Chrysoberyll: Dieser Kristall wurde in Brasilien gefunden. Der Chrysoberyll ist seit der Antike bekannt.

Der Scholastiker und Dominikaner Albertus Magnus (1193 – 1280) argumentierte ähnlich wie Hildegard. Er bezweifelte nicht die wunderbaren Kräfte der Edelsteine, und für ihn stand fest, daß sie die Kraft haben könnten, Magengeschwüre und andere Krankheiten zu heilen. Neu bei Albertus ist aber, daß er dies aus dem scholastischen Denken heraus erklärt und bemüht ist, die Überlieferung aus der Antike durch eigene Erfahrung zu bestätigen. So will er einen Karfunkel gesehen haben, der in der Dunkelheit leuchtete und wie ein Saphir einen Augenkranken heilte. Der imaginäre sogenannte Karfunkelstein spielte im Mittelalter überhaupt eine zentrale Rolle unter den Edelsteinen. Er vereinigte für die Menschen des Mittelalters die Kräfte aller anderen edlen Steine in sich. Ihm wurde die Eigenschaft zugeschrieben, in der Finsternis aus sich selbst zu leuchten, und es hieß, daß er unter dem Horn des Einhorns – eines Fabeltiers – wachse. Der Karfunkel wurde zum Symbol des göttlichen Lichts auf der Erde. Dieses Bild wurde hauptsächlich von der mittelalterlichen Dichtung geprägt. In der Welt des Mittelalters wurde er auch durch Rubine, roten Spinell oder einen entsprechenden hochroten Granat dargestellt.

Durch diese Epoche hindurch wurde der Glaube an die vielseitigen Wunderkräfte der Edelsteine nicht erschüttert. Die theologische Edelsteininterpretation beeinflußte auch die mittelalterliche Dichtung und den Bereich der Hohen Minne. In Gottfried von Straßburgs „Tristan und Isolde" (um 1210) zum Beispiel besteht das Bett in der Minnegrotte aus Bergkristall, ein Bild für die Reinheit. Wolfram von Eschenbachs „Parzival" (um 1210) ist ein weiteres eindrucksvolles Beispiel für die Bedeutung der Edelsteine in der mittelalterlichen Dichtung. Dem Gral, der in diesem Epos eine zentrale Rolle spielt, wird nachgesagt, aus einem einzigen großen Edelstein zu bestehen, wobei keine eindeutige Bestimmung stattfindet, in Deutungen und Auslegungen aber wiederum oft Verweise zum Karfunkelstein zu finden sind. Die Verbindung zum Göttlichen wird hier besonders deutlich, denn der Gral ist ein heiliges Gefäß und steht in Beziehung zur christlichen Eucharistie. Keltisch-heidnische Elemente sind jedoch auch mit seiner Funktion verbunden, und so hat der Gral letztlich eindeutig magische Funktionen – er verleiht ewige Jugend, ist von einer für „Unwissende" nicht zu hebenden Schwere, dient als unerschöpflicher Speisespender und ist unsichtbar für die Heiden; und von Zeit zu Zeit erscheint auf ihm eine heilige Botschaft in Form einer Schrift, die von selbst vergeht,

Brillanten: Durch den komplizierten Brillantschliff wird der Diamant zum Brillant.

sobald sie gelesen wurde. Der Name des Grals wurde interessanterweise zuerst in den Sternen gelesen. Der Gral selbst ist nicht der einzige im „Parzival" erwähnte Edelstein. Das Bett des Gralskönigs Amfortas ist mit immerhin 58 Edelsteinen besetzt, die allesamt magische Kräfte besitzen. Die Beispiele für die Bedeutung der Edelsteine in der mittelalterlichen Literatur ließen sich nahezu endlos fortsetzen. Sie war eminent und immer mit magischen Vorstellungen verbunden, die sich noch lange halten sollten. Magische Vorstellungen in Verbindung mit Edelsteinen wurden auch durch die mittelalterliche Alchemie begünstigt. Diese „Wissenschaft", die einen Übergang vom mythischen Weltbild der Antike zur heutigen Erforschung der Stoffe darstellt, sah das Wesen der Erde und des Menschen, also den Mikrokosmos, als Abbild des Weltganzen, des Makrokosmos; sie verfolgte die Verfeinerung der Destillation zur Läuterung der natürlichen Substanzen; ihr letztes Ziel war es, den edelsten aller Steine hervorzubringen, den „Stein der Weisen".
Durch das ganze Mittelalter hindurch spielten Edelsteine bei den Alchemisten, die auf der Suche nach diesem „Lapis Philosophorum" oder „Lapis occultus" waren, natürlich eine außerordentlich bedeutende Rolle. Übrigens waren sowohl der oben erwähnte Karfunkel als auch der Gral schon mit diesem als göttlich geltenden Stein in Verbindung gebracht worden. Der Stein der Weisen, zuweilen auch als Lebenselixier bezeichnet, sollte sich nicht als solcher in der Natur finden, sondern mußte durch verschiedene aufeinanderfolgende alchemistische Prozesse gewonnen werden, an deren Beginn die geheime „Prima Materia" stand und deren letztes Resultat das „Perfectum Magisterium", das vollkommene Meisterstück war. Das „reine Gefäß", das man zur Herstellung dieses Stücks – und auch zur immer wieder versuchten Goldbereitung aus niederer Materie – benutzte, bestand aus Bergkristall; Kugeln aus „weißem Kristall" dienten bekanntlich auch schon in jener Zeit zum Wahrsagen. Zum Scheiden von Gold und Silber wurde von den Alchemisten Antimonit verwendet.
Der Stein der Weisen, dessen Zubereitung und Kenntnis das Geheimnis eines Kreises von Eingeweihten sein sollte – daher auch die häufige Bezeichnung „Lapis noster" –, stellte zwar ein künstliches Produkt dar, die Alchemisten betonten jedoch, daß er keinen Unterschied mehr zwischen Kunst und Natur zeige; so äußerte sich Hortulanus im 14. Jahrhundert: „In derselben Weise, wie die Welt geschaffen worden ist, ist auch Unser Stein hergestellt".

Wolfram von Eschenbach, der mittelhochdeutsche Dichter des „Parzival".

Auf der Suche nach dem legendären Lapis occultus versuchten die
Alchemisten, alle Unreinheiten bestimmter bekannter Edelsteine zu
beseitigen und so die Materie zu „läutern". Die Anweisungen zu diesen
Versuchen wurden in oft skurrilen Geheimbildern ausgedrückt, die nur
Eingeweihte zu deuten wußten.

Auch die Heilmittelbereitung war ein wichtiges Gebiet der Alchemie,
und dem Lapis occultus wurden heilbringende und verjüngende Kräfte
zugesprochen. Leider wurde er niemals entdeckt ...

Interessant und erwähnenswert erscheint die Auffassung der Alchemisten,
Edelsteine würden wachsen wie Pflanzen.

Neuzeit

Der Stein war ein / Opal,
der hundert schöne Farben spielte,
Und hatte die geheime Kraft,
vor Gott / und Menschen
angenehm zu machen,
wer / in dieser Zuversicht ihn
trug.
Lessing, Nathan der Weise („Ringparabel")

Der Humanismus des 16. Jahrhunderts entwickelte eine vollkommen
neue Auffassung von Welt und Natur, entsprechend auch von Edelsteinen.
Dieses hing mit einem geänderten Verhältnis zur Antike zusammen;
während man im Mittelalter hauptsächlich spätantike Quellen zur
Untersuchung von Edelsteinen herangezogen hatte, ging man nun auch
auf Autoren wie Plinius und dessen Naturgeschichtsschreibung (1. Jhdt.
n. Chr.) zurück, die ursprünglicher erschienen.

Unter den Humanisten, deren bekannteste Vertreter u. a. Erasmus von
Rotterdam, Ulrich von Hutten und Philipp Melanchthon waren, gab
es viele Ärzte, die sich besonders für die Heilwirkung der Edelsteine
interessierten und auch erstmalig nicht vor Kritik an antiken und
spätantiken Autoren zurückschreckten; das Studium antiker Quellen
bildete jedoch eine ihrer wichtigsten Grundlagen zur Entwicklung einer
neuen Wissenschaftsauffassung.

Georgius Agricola (1494 – 1555) gilt als Begründer der neueren Mineralogie.
Er löste sie von den Bereichen der Religion, Magie, Astrologie und

Der Arzt, Philosoph und Naturforscher Theophrastus Paracelsus (1493 – 1541).

Philosophie und arbeitete am Studium der konkreten Erscheinungsform des jeweiligen Minerals oder Edelsteins.

Paracelsus (Theophrastus von Hohenheim, 1493 - 1541), ein Zeitgenosse Agricolas, deutscher Arzt und Renaissance-Philosoph, ist als vielseitiger Naturforscher und Begründer der neueren Heilmittellehre bekannt. Innerhalb seiner Forschung spielte die Heilkunst der Edelsteine eine wichtige Rolle. Mensch und Mineral sind entscheidende Träger seiner Philosophie, in der er die Welt als ein durch Gott geordnetes Gesamtwerk sieht.

Das Zeitalter des Barock im 17. und auch noch 18. Jahrhundert brachte eine Erneuerung der Wissenschaft durch exakte Forschungsansätze und eine pantheistische Philosophie; davon war natürlich auch die Mineralogie betroffen. Der Humanismus hat das Barock entscheidend beeinflußt. Eine seiner augenfälligsten Charakteristika war der Widerspruch zwischen der prunkvollen Kunst einerseits - in der entsprechend auch die Schmuckherstellung eine wichtige Rolle einnahm -, und andererseits der Verachtung alles Weltlichen, da die Erde als das „Jammertal" angesehen wurde, das nur eine Vorstufe zum eigentlichen Leben, dem jenseitigen, darstellte; „vanitas mundi", die Eitelkeit der Welt, in der alles vergänglich ist, prägte diese Epoche, die auch gekennzeichnet war durch entscheidende wissenschaftliche Entdeckungen und einen Aufstieg des Bürgertums, nachdem der 30jährige Krieg Europa zerrissen hatte.

Seit die paracelsische Erneuerung neuplatonischen Gedankengutes zu Versuchen einer magisch-alchemistischen Gesamtschau Gottes und der Welt geführt hatte, beeinflußten die aufstrebenden Wissenschaften der Astronomie und Mathematik - Kopernikus und später Galilei und Kepler begründeten das heliozentrische Weltbild - ein neues naturwissenschaftliches Denken; das führte jedoch nicht zu einer antimetaphysischen Weltanschauung; man befreite sich lediglich aus dem scholastischen Dogma und den alten Fesseln der Theologie. Die Bestrebungen, die Welt als ein geordnetes Ganzes darzustellen, führten vielmehr auch zu erneuter Beschäftigung mit Astrologie und Zahlenmystik, wie sie sich beispielsweise in der Literatur jener Zeit niederschlug.

Hatte früher der Glaube an magische Kräfte der Edelsteine ihre Rolle in der mittelalterlichen Heilkunde und im Bereich des geistig-sakralen geprägt, so waren sie nun nicht mehr Objekte mystischer Natur- und Gottesverehrung, sondern Gegenstand naturwissenschaftlicher Betrachtungen. Metaphysische Gedankengänge waren damit jedoch keineswegs

Astronomie historisch: Die Weltsysteme von Kopernikus, Tycho Brahe und Ptolemäus.

Der Begründer der Anthroposophie Rudolf Steiner (1861–1925).

verdrängt; sie überdauerten letztlich alle geschichtlichen Prozesse und setzten sich, auch unter neuen Ansätzen, fort bis in die heutige Zeit. Die in unserem Jahrhundert von Rudolf Steiner entwickelte Lehre der Anthroposophie, die den Menschen zum geistigen Prinzip des Alls in Beziehung setzt, dem er sich anschließen soll, räumt den Edelsteinen einen besonderen Stellenwert ein, was auch Steiners Beschäftigung mit den „Geheimwissenschaften" und Prinzipien höherer Welten entspricht. Er bezeichnete Edelsteine als „Sinnesorgane hoher geistiger Wesen", „wodurch diesen Wesenheiten, die keinen physischen Körper haben, die Möglichkeit gegeben ist, in das irdisch-physische Geschehen herein-zuschauen ... Diese okkulte Tatsache ist den Priesterkönigen der Vorzeit, ist vielen großen Eingeweihten bekannt gewesen."

Der Mensch hat Edelsteine immer verehrt und sie, materiell und geistig, zum Gegenstand respektvoller Betrachtung erhoben. Die Steine waren dabei stets in unterschiedliche Wertklassen eingeteilt, die sich im Lauf der Geschichte gewandelt haben und auch von Kultur zu Kultur zum Teil sehr verschieden waren. Im Europa des Mittelalters nahm der Karfunkel als legendärer Stein wegen seiner wunderbaren Kräfte die erste Stelle ein. Im 18. Jahrhundert wurde schließlich der heutige Edel-steinbegriff formuliert. So schrieb Urban Friedrich Benedict Brückmann: „Edelsteine werden überhaupt solche Steinarten genannt, welche wegen ihrer Durchsichtigkeit, Härte, Dauerhaftigkeit, Glätte oder Annehmung eines schönen Glanzes durch das Schleifen, Seltenheit und wegen ihrer schönen Farben, andere Steine übertreffen ... und je mehr ein Stein von diesen Eigenschaften besitzt, desto vollkommener ist er zu achten."

Heute gilt bei uns entsprechend der Diamant – und zwar in seiner facettengeschliffenen Form als Brillant – im allgemeinen als der edelste der Steine. Dies gilt für alle heutigen Kulturen, obwohl auch der Smaragd eine einzigartige Verehrung genießt, die übrigens auch den ihm nachgesagten Heil-und Wunderkräften entspricht.

Edelsteine werden von vielen Menschen nicht nur als Schmuckstücke (oder Kapitalanlage) angesehen und getragen, sondern auch wegen der ihnen immer wieder zugesprochenen geheimnisvollen Kräfte als Schutz-steine, Heilmittel – und Glücksbringer.

Edelsteine und Tierkreiszeichen

Schon seit ältester Zeit, so z. B. einige Jahrtausende vor unserer Zeit-rechnung im Zweistromland Mesopotamien und auch im alten Ägypten, wurden Edelsteine zu den Gestirnen in Beziehung gesetzt. Man nahm an, daß die in den sieben bekannten Planeten wirksamen Kräfte auch in den entsprechenden Edelsteinen zu finden waren. So wurden diese Steine zu „Sternen auf Erden", wobei jeder in enge Verbindung zu seinem „verwandten" Stern gebracht und dem entsprechenden Tierkreiszeichen zugeordnet wurde. Über die exakte Zuordnung der Steine zu den Zeichen allerdings existieren viel-fältige und oft sehr unterschiedliche Auffassungen. Allgemein kann man feststellen, daß all diese Deutungen eine gemeinsame Grundlage haben – die Beziehung zwischen dem Makrokosmos des Universums und dem Mikrokosmos von Mensch und Natur, welche man in engste Verbindung setzen wollte.

Man geht davon aus, daß höchstwahrscheinlich die Sumerer ursprüng-lich das astrologische Prinzip begründeten, das den Lauf der Sonne durch die zwölf Tierkreiszeichen beschreibt, die Einfluß auf Erde und Menschen nehmen. Symbolik und Wirkung, die Planeten und Sternbildern zugesprochen wurden, führten dann dazu, daß man auch bestimmte Edelsteine in dieses System einbezog.

Die Sumerer setzten die Sternbilder auch in Beziehung zur Entwicklung der Natur und zum Kreislauf der Jahreszeiten; die Bilder wurden als Saat- und Erntezeichen und Symbole für Trocken- und Regenzeiten eingesetzt. Auch andere Kulturen haben sie in ihrer jeweiligen Mythologie und ihren kulturellen Zusammenhängen benutzt, wobei die Sternbilder in die der Kultur entsprechenden Symbole umgesetzt wurden. So wurden auch in den kleinasiatischen Hochkulturen Stern-bilder mit Edelsteinen in Verbindung gebracht.

Die Verehrung „heiliger" Edelsteine wirkte sich über die Kulturen Mesopotamiens und der Ägypter auf die der Griechen und Römer aus. Viele Interpretationen und Weisheiten finden sich dazu in den antiken Steinbüchern, den Lapidarien Roms. Die antiken Deutungen sind jedoch derart zahlreich und unterschiedlich, daß sich keine einheitliche Auslegung festhalten läßt. Gemeinsam ist ihnen jedoch der „Sympathie-glaube", die Auffassung, bestimmte Eigenschaften korrespondierten mit bestimmten organischen (und anorganischen) Materialien und Körpern,

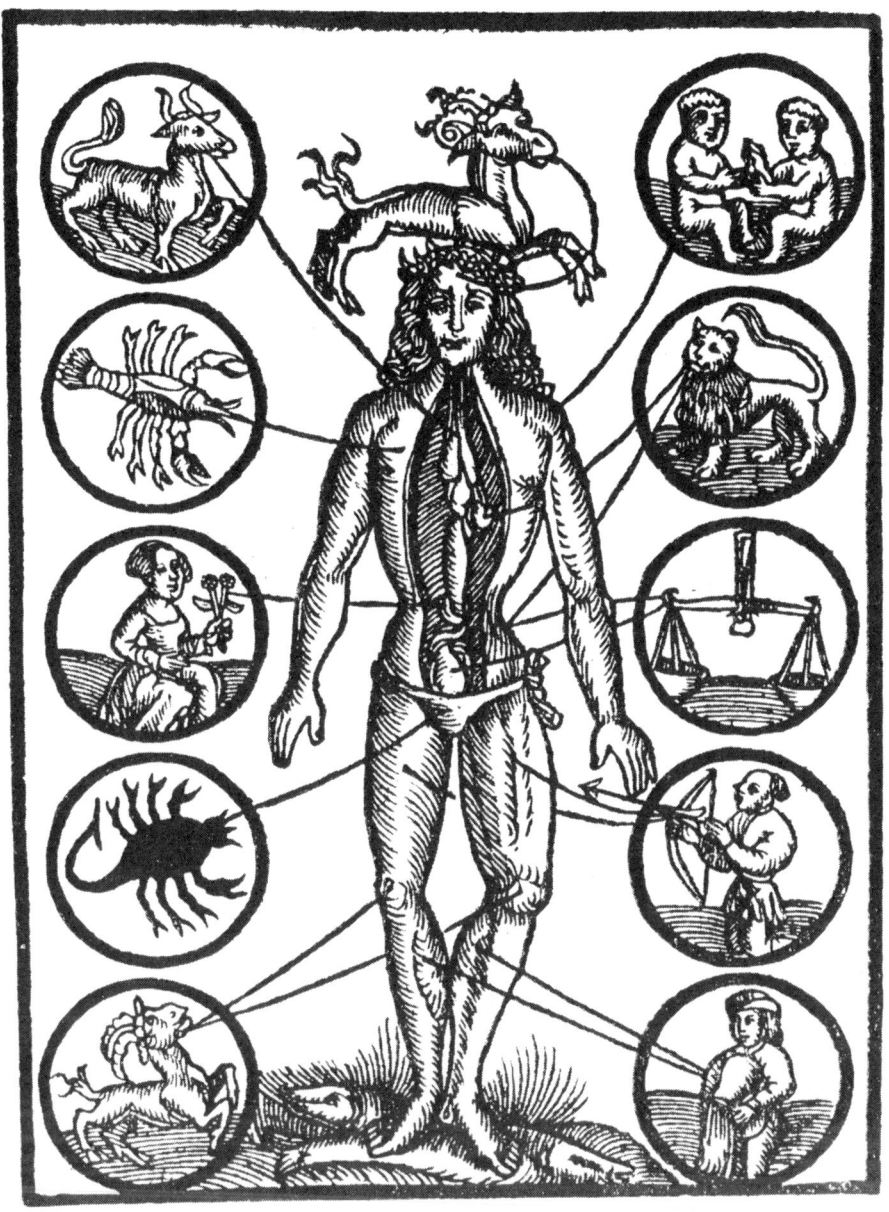

Aderlaßmännchen. Es zeigt die Aderlaßvorschriften mit Angabe der astrologisch günstigen Zeiten.

auch den Himmelskörpern. So wurden entscheidende Bestandteile
des Weltbildes unter Berücksichtigung grundlegender Charakterzüge –
einschließlich der vier „Temperamente" – zueinander in Beziehung
gesetzt. Auch die vier Elemente spielten dabei eine Rolle, da man ihnen
zur Darstellung des angestrebten einheitlichen Weltbildes, wenn auch
häufig etwas weit hergeholt, die oben genannten Erscheinungsformen
zuordnete. So entstanden „Sympathie-" und „Antipathie-Blöcke".
Mikrokosmos und Makrokosmos gehörten zu den beherrschenden Vor-
stellungsformen des antiken philosophischen Weltbildes. Dem entspricht
das in der Antike entstandene und im Mittelalter weiterentwickelte
Weltbild des Astronomen und Geographen Ptolemäus (87 – 165 n.
Chr.), der die Erde als Mittelpunkt der Welt ansah; sie sollte von einer
Anzahl übereinanderliegender Sphären umgeben sein, die jeweils
Einfluß haben auf die unter ihnen befindliche. So sollten nach
ptolemäischer Lehre „die Wirkungen von Gottes Allmacht" durch die
Sphären bis hinab zu den Menschen dringen.
Man nahm an, die Edelsteine würden durch den Einfluß der Fixsterne
gebildet und könnten Schwingungen und Kräfte vom Makrokosmos in
den Mikrokosmos tragen. Dadurch erhielten die Edelsteine eine heilige
Bedeutung, in der auch geheime Kräfte eine wichtige Rolle spielten.
Agrippa von Nettesheim (1486 – 1535), dessen Werk „De Occulta
Philosophia" von den antiken Quellen stark beeinflußt wurde und für
Jahrhunderte große Bedeutung für Astrologie und Mantik beibehielt,
setzte die zwölf Steine der Apokalypse (s. Abschnitt Israel) zu den zwölf
Tierkreiszeichen in Beziehung:

Wassermann – Bergkristall
Fische – Saphir
Widder – Sardonyx
Stier – Karneol
Zwillinge – Topas
Krebs – Chalcedon
Löwe – Jaspis
Jungfrau – Smaragd
Waage – Beryll
Skorpion – Amethyst
Schütze – Hyazinth
Steinbock – Chrysopras

Die planetaren Haupteinflüsse liegen dabei diesen Zuordnungen zugrunde;
für die Edelsteine war das von ihnen ausgestrahlte Lichtspektrum
entscheidend.

Auch die in heutiger Zeit entstandene Lehre der Anthroposophie sieht
einen Zusammenhang zwischen geistiger, höherer und bildlich-
natürlicher Welt. Sie steht dabei auf dem Standpunkt, daß zum Beispiel
der Zusammenhang von Edelsteinen und Tierkreiszeichen bzw.
Monaten und Festen nur gedeutet werden kann, wenn die jeweiligen
Zuordnungen nicht nur vom Objekt selbst, sondern auch vom
geistigen Hintergrund, seinem Ursprung und Ziel, betrachtet werden,
was in den „alten Mysterien" der Fall gewesen sein soll. „Der
gemeinsame Grund für Edelsteine, Mensch und Sternenwelt ist die
geistige Wirksamkeit der Hierarchie der Cherubim (Geister der
Harmonie), deren Schöpfungsimpulse durch niedrigere Geistwesen
differenziert als materieller Kosmos erscheinen"; sie differenzieren
nach Steiner „schaffend" die zwölf Hauptgestalten des Tier- und
Pflanzenreiches.

Es wird davon ausgegangen, daß die Probleme, die sich immer wieder
bei der Zuordnung von Edelsteinen zu Tierkreiszeichen gezeigt haben,
darauf zurückzuführen sind, daß es nicht nur eine einzige „Zwölfheit"
von Edelsteinen gibt, sondern sieben, da die sieben früher bekannten
bzw. so bezeichneten Planeten und ihre „geistige Wirkung" diejenigen
der zwölf Tierkreiszeichen modifizieren.

Es gibt zahlreiche Überlieferungen dazu, welcher Edelstein welchem
Tierkreiszeichen zuzurechnen ist. Die Kalendermonate haben sich jedoch
im Laufe der Zeit gegenüber den Sternbildern der Tierkreise verschoben,
ein Phänomen, das als Präzession bekannt ist. So findet man sowohl
Listen über Monatssteine als auch für Tierkreissteine; sie weichen zum
Teil erheblich voneinander ab, da sie auf unterschiedlichen Quellen
basieren.

Aufgrund der Präzession wird im folgenden nur auf die Steine der
Tierkreise eingegangen werden, da diese unseren heutigen Kalender-
monaten nicht mehr entsprechen.

Die astrologische Tradition setzt aber auch einzelne Planeten mit
bestimmten Edelsteinen in Beziehung. Diese Steine sollen für jene
Menschen glückbringend sein, die die entsprechenden Planeten in ihrem
Geburtshoroskop in einer günstigen Konstellation finden.

Während in den meisten heute zugänglichen Auflistungen der Tierkreis-

Edelsteine dem Leser lediglich eine Tabelle ohne nähere Erklärung angeboten wird, soll hier ein kurzer Überblick mit einer Beschreibung der Beziehung zwischen Tierkreiszeichen und Edelsteinen erfolgen. Eng damit verbunden ist die Analogie der Planeten und den ihnen entsprechenden Tierkreiszeichen zu bestimmten Farben. Dem Symbolwert der Farben entspricht auch die Beurteilung der einzelnen Edelsteine, nicht zuletzt auch durch die Lichtschwingungen und Farbstreuungen von Farben und Steinen.

Da man früher nur sieben Planeten kannte, sprach man von einer Siebenfarbigkeit, die dadurch zustandekommt, daß man vier elementare Grundfarben annimmt – Rot, Gelb, Grün und Blau – und ihnen die Edelmetalle Gold und Silber als Farben zufügt, ferner Schwarz, das im Grunde ja keine Farbe ist. Auf diese Weise kam man zu folgenden planetaren Farbkonstellationen, zumindest in Europa:

Mars – Rot
Sonne – Gold
Venus – Grün
Merkur – Gelb
Saturn – Schwarz
Jupiter – Blau
Mond – Silber

Die „reinen" Farben wurden danach den Feuerzeichen zugerechnet, Rot dem Widder, Blau dem Schützen und Gelb dem Löwen.

Die astrologische Tradition teilt nun jedem Tierkreiszeichen einen Planeten zu, der den Menschen beeinflußt und sein Schicksal bestimmt. Nach den uns vorliegenden Quellen, die zum Teil recht unterschiedliche Zuordnungen enthalten, kommen wir dabei wiederum zu folgenden, immer wieder auftauchenden Beziehungen zwischen Tierkreiszeichen, Farben, Planeten und Edelsteinen:

Wassermann	21.01. – 19.02.
Farbe:	blau / grün
Planet:	Uranus
Steine:	Aquamarin, Türkis, Labradorit, Falkenauge, Amazonit
Fisch	20.02. – 20.03.
Farbe:	violett, blau, opalfarben
Planet:	Neptun
Steine:	Amethyst, blauer Saphir, blauer Mondstein, Opal

Widder 21.03. – 20.04.
Farbe: rot, rötlich
Planet: Mars
Steine: Rubin, Karneol, Feueropal, roter Granat, Jaspis

Stier 21.04. – 20.05.
Farbe: hellrot, bräunlich, orange
Planet: Venus
Steine: Padparadscha, Zirkon, Karneol (orangefarben), helle
Saphire, helle Achate, Rosenquarz

Zwilling 21.05. – 21.06.
Farbe: gelb, orange, grünlich
Planet: Merkur
Steine: gelber Saphir, gelbe und grüne Berylle, Topas, Peridot,
Citrin, Bernstein

Krebs 22.06. – 22.07.
Farbe: silber, weiß, grün
Planet: Mond
Steine: Smaragd, Opal, Mondstein, Chrysopras, Chalcedon,
Nephrit, Perlen

Löwe 23.07. – 23.08.
Farbe: weiß, gelb, gold, rötlich
Planet: Sonne
Steine: Diamant, Chrysoberyll, weißer Zirkon, Citrin (gold-
farben), rosa Topas, Bergkristall

Jungfrau 24.08. – 23.09.
Farbe: gelb / grünlich
Planet: Merkur
Steine: gelbe Diamanten, gelber Saphir, Tigerauge, Trapiche-
Smaragd, Jaspis (verschiedenfarbige), Citrin

Waage 24.09. – 23.10.
Farbe: blau / rötlich
Planet: Venus
Steine: Indigolith, Aquamarin, Koralle (lachsfarben), blauer
Topas, Sternsaphir

Skorpion   24.10. – 22.11.
Farbe: schwarz / rot
Planet: Pluto
Steine: Opal (schwarzer Edelopal), roter Spinell, Rubellit,
                 Sarder und Sardonyx, rote Korallen, Hämatit

Schütze   23.11. – 21.12.
Farbe: blau
Planet: Jupiter
Steine: Lapislazuli, dunkelblauer Spinell, blauer Zirkon,
                 Tansanit, blauer Apatit, Chalcedon

Steinbock   22.12. – 20.01
Farbe: grün / schwarz
Planet: Saturn
Steine: grüner Turmalin, Malachit, Chrysopras, Onyx,
                 schwarze Koralle, schwarze Perlen, Moosachat

Wassermann

1 Aquamarin
1a Kristall in Muttergestein (Pakistan)
1b Kugelketten, transparent
1c Drei facettierte Steine (Brasilien)

2 Türkis
2a Großer Rohstein (Arizona)
2b Türkiswalzenkette (Arizona)
2c Drei Cabochons (USA/Iran)

3 Labradorit
3a Gesägte und polierte Platte
  (Madagaskar)
3b Rohstein

4 Falkenauge
  Zwei Cabochons (Südwestafrika)

5 Amazonit
5a Kristallgruppe (Colorado, USA)
5b Cabochon (Brasilien)

1a
1b 1c
2a
2b
2c
2d
3a 3b
3c
4 3a
4 3b
4

Fisch

1 Opal
1a Opal mit Ganggestein (Australien)
1b geschliffener Opal mit Ganggestein (Australien)
1c geschliffener Opal mit Ganggestein (Australien)

2 Amethyst
2a Kristallgruppe (Brasilien)
2b Kugelkette (in Idar-Oberstein gefertigt)
2c Facettierter Stein (Brasilien)
2d Facettierter Stein (Brasilien)

3 Saphir, blau
3a Facettierter Stein (Sri Lanka)
3b Facettierter Stein (Sri Lanka)

4 Mondstein, blau
4a Cabochon (Indien)
4b Cabochon (Indien)
4c Cabochon (Indien)

Widder

1 Rubin
1a Cabochon (Indien)
1b Facettierter Stein (Burma)

2 Karneol
2a Rohstein (Oregon, USA)
2b Vier verschiedene Cabochons
   (Brasilien)

3 Feueropal
3a Zwei verschiedenfarbige Rohsteine
   (Mexiko)
3b Großer facettierter Stein (Mexiko)

3c Facettierter Stein (Mexiko)
3d Cabochon (Mexiko)

4 Granat, rot
4a Granatkristalle im Gestein (Alaska)
4b Rohstein (Madagaskar)
4c Facettierter Stein (Madagaskar)
4d Cabochon (Indien)

5 Jaspis
5a Fleckenjaspis (USA)
5b Roter Jaspis (Indien)

Stier

1 Padparadscha
Facettierter Stein (Sri Lanka)

2 Zirkon
2a Kristallgruppe (Norwegen)
2b Sechs facettierte Steine (Kambodscha/
Sri Lanka)

3 Karneol, orangefarben
Verschieden große Cabochons
(Indien/Brasilien)

4 Saphire, hell
Drei facettierte Steine (Sri Lanka)

5 Achat, hell
Anpolierter Stein (Fischbachtal)

6 Rosenquarz
6a Rohstein (Brasilien)
6b Facettierter Stein (Brasilien)
6c Cabochon (Madagaskar)
6d Zwei Kugeln (Brasilien)

Zwilling

1 Saphir, gelb
   Facettierter Stein (Sri Lanka)

2 Beryll, gelb und grün
2a Kristallbruchstück (Brasilien)
2b Fünf facettierte Steine (Brasilien)

3 Topas
   Facettierter Edeltopas (Brasilien)

4 Peridot
   Fünf facettierte Steine (USA/Birma)

5 Citrin
   Drei facettierte Steine (Brasilien)

6 Bernstein
6a Rohstück (Polen)
6b Kette (Dominikanische Republik)
6c Angeschliffenes Rohstück mit
   Fossilieneinschlüssen (Dominikanische Republik)
6d Facettierter Bernstein
   (Dominikanische Republik)

Krebs

1 Smaragd
1a Ganggestein mit Smaragdkristallen
   (Kolumbien)
1b Zwei facettierte Steine (Kolumbien)

2 Opal
2a Cabochon (Australien)
2b Cabochon (Australien)

3 Chrysopras
3a Rohstein (Polen)
3b Kugelkette
3c Cabochon (Australien)

4 Mondstein
4a Gräulicher Cabochon (Indien)
4b Lachsfarbener Cabochon (Indien)

5 Chalcedon
5a Rohstein (Brasilien)
5b Kugelkette
5c Cabochon

6 Nephrit
   Cabochon (China)

7 Perlen
   Kugelkette (Südsee)

Löwe

1 Diamant
1a Diamantkristall im Muttergestein
  (Südafrika)
1b Brillant, facettierter Diamant mit
  Brillantschliff

2 Chrysoberyll
2a Rohstein (Minas Gerais, Brasilien)
2b Zwei facettierte Steine (Minas Gerais,
  Brasilien)

3 Zirkon, weiß
  Facettierter Stein (Sri Lanka)

4 Citrin, goldfarben
4a Rohstein, unbearbeitet (Brasilien)
4b Facettierter Stein (Brasilien)

5 Topas, rosa
  Zwei facettierte Steine (Brasilien)

6 Bergkristall
6a Kristallgruppe (Diamantina, Brasilien)
6b Facettierter Stein (Brasilien)

Jungfrau

1 Diamant, gelb
   Facettierter Stein (Südafrika)

2 Saphir, gelb
   Facettierter Stein (Sri Lanka)

3 Tigerauge
3a Rohstein (Südafrika)
3b Kugelkette
3c Großer Cabochon
3d Cabochon

4 Trapiche-Smaragd
   Cabochon (Kolumbien)

5 Jaspis
   Drei verschiedenfarbige Cabachons
   (USA)

6 Citrin
   Zwei facettierte Steine (Brasilien)

Waage
1 Indigolith
1a Kristalle auf Quarz (Minas Gerais, Brasilien)
1b Drei facettierte Steine (Minas Gerais, Brasilien)

2 Aquamarin
2a Kristall aus Flußgeröll (Brasilien)
2b Kristall im Quarz (Brasilien)
2c Drei verschieden große facettierte Steine unterschiedlicher Qualität (Brasilien)

3 Koralle, lachsfarben
3a Korallenbaum (Japan)
3b Kugelkette
3c Zwei Cabochons

4 Topas, blau
   Großer facettierter Stein (Brasilien)

5 Sternsaphir
   Zwei Cabochons (Sri Lanka)

Skorpion

1 Opal, schwarzer Edelopal
   Zwei Cabochons (Australien)

2 Spinell, rot
   Facettierter Stein (Birma)

3 Rubellit
   Zwei facettierte Steine (Madagaskar)

4 Sarder und Sardonyx
4a Angeschliffenes Rohstück (Brasilien)
4b Cabochon (Brasilien)

5 Koralle, rot
   Drei rote Kugeln (Mittelmeer)

6 Hämatit
6a Rohstein, anpoliert (Cumberland,
   Großbritannien)
6b Cabochon (Brasilien)
6c Facettierter Stein (Brasilien)

Schütze

1 Lapislazuli
1a Rohstein (Afghanistan)
1b Kugelkette (in Idar-Oberstein
  gefertigt)
1c Runde Platte mit Pyriteinschlüssen
  (Afghanistan)
1d Kleine runde Platte aus Lapis
  (Afghanistan)

2 Spinell, dunkelblau
  Facettierter Stein (Sri Lanka)

3 Zirkon, blau
  Zwei facettierte Steine

4 Tansanit
  Facettierter Stein (Tansania)

5 Apatit, blau
  Facettierter Stein

6 Chalcedon
6a Anpolierter Rohstein (Brasilien)
6b Cabochon (Brasilien)

Steinbock

1 Turmalin, grün
1a Zwei facettierte Steine (Brasilien)

2 Malachit
2a Unpolierter Rohstein (Zaire)
2b Kugelkette (aus Idar-Oberstein)
2c Zwei Cabochons (Zaire)

3 Chrysopras
Zwei Cabochons (Australien)

4 Onyx
4a Anpoliertes Rohstück (Brasilien)

4b Ei (aus Onyx gefertigt)
4c Zwei Cabochons
4d Kugel, durchbohrt

5 Schwarze Koralle
Anpolierter schwarzer Ast
(Dominikanische Republik)

6 Schwarze Perlen
Drei Perlen (Südsee)

7 Moosachat
7a Große Scheibe, poliert (Indien)
7b Cabochon (Brasilien)

Amulette und Talismane

In seinem Westöstlichen Diwan, im Buch des Sängers, wählt Goethe als Talisman den Sardonyx, den Achat mit den drei Farbzonen: Schwarz, Onyx im Hintergrund, Weiß dazwischen und Rot (Sarder-Karneol) darüber: „Talisman in Karneol, / Gläubigen bringt er Glück und Wohl; / Steht er gar auf Onyx' Grunde, / Küß ihn mit geweihtem Munde! / Alles Übel treibt er fort, / Schützet dich und schützt den Ort."
Schon in ältester Zeit hat sich der Mensch eine „magische Rüstung" geschaffen, die ihn vor den Gefahren der Umwelt bewahren sollte. Und seitdem hat er sich daher auch bemüht herauszufinden, welche Steine im Einzelfall für ihn glückbringend sind. Alt ist dabei die Methode, dem Träger von solchen Edelsteinen mit Hilfe der Tierkreiszeichen bei der Wahl seines Talismans zu helfen.
Eng verbunden mit der Angst des Menschen vor seinem unbekannten Schicksal und möglichen Gefahren war daher die Astrologie. Sie hat von jeher eine eminente Bedeutung hinsichtlich des menschlichen Bestrebens gehabt, sich zu schützen und sein Geschick nach Möglichkeit ein wenig „mitzulenken". Die Sterndeutung war allerdings nicht allein dazu da, Zukunft und Schicksal vorauszusagen, sondern diente gerade in alter Zeit vor allem auch dazu, Welt und Kosmos ganzheitlich zu interpretieren.
Seit der Hochkultur der alten Ägypter war es üblich, Amulette und Talismane im „richtigen Augenblick" herzustellen, wenn nämlich die Konstellation der entsprechenden Planeten günstig war. Ein Beispiel dieser „magischen Glyptik" stammt noch aus dem Orient des 16. Jahrhunderts, wo die Herstellung von Amuletten und Talismanen eine wichtige Rolle spielte. Der arabische Gelehrte Hunain ibn Ishaq schrieb damals darüber: „Dem Mars ist der Blutstein zugeordnet. Es ist ein roter Stein. Wer diesen Stein am Dienstag nimmt, während der Mond in Opposition zum Mars im Zeichen des Widders oder des Skorpions steht, der kann daraus einen Ringstein fertigen und in ihn das Abbild des Mars schneiden. Es muß ein nackter Mann sein, zu dessen Rechten das Abbild der Venus ist, einer stehenden Frau, deren Haar hinten geknotet ist … Dann wird der Stein in einen eisernen Ring gefaßt, denn Eisen und Kupfer sind dem Mars zugeordnet … Dem Träger des Ringes kann niemand Widerstand leisten; weder ein Räuber noch ein wildes Tier nähern sich ihm, und die Menschen verehren und lieben ihn."

Zur Zeit Goethes wurde zwischen Amulett und Talisman unterschieden. Während der Talisman einen Edelstein darstellte, auf den ein Name oder ein kurzer Spruch eingraviert worden waren, bestand ein Amulett aus einem in einen kleinen Beutel gelegten Edelstein ohne Inschrift, aber mit einem beschriebenen Blatt versehen; besonders Soldaten wurde im Krieg das Tragen eines solchen Amuletts empfohlen.

Amulette sollten den bösen Blick abwehren, dämonische Mächte und feindliche Gewalten bezwingen, vor giftigem und reißendem Getier schützen. Talismane dagegen sollten bestimmte Erscheinungen nicht abwehren, sondern anziehen: Liebe, Glück, Gesundheit, Macht und Reichtum.

Schon die biblischen Babylonier hatten Amulette, um Schwangerschaft und Geburt zu beeinflussen und Kinder zu schützen. Die Hebräer wurden von ihnen beeinflußt, und Edelsteine nahmen dabei einen hohen Rang ein. Häufig haben Schmuckstücke, die auf bloßer Haut getragen werden – wie Ringe, Halsbänder und Armreifen – einen Amulett-Charakter. Magische Schutzsteine dürfen aber auch in einem Beutel auf der Haut getragen werden.

Amulette und Talismane mit Zeichen und Schriften zu versehen, ist eine eigene Kunst. Um sie zu erlernen, ist ein gründliches Studium von Zahlenmagie, Runenkunde, Symbolik, Kabbala und Astrologie notwendig.

Buchstaben, Silben, Wörter, Sätze, Zahlen und Zeichen sind die Elemente der auf diesem Gebiet angewendeten Magie, wobei das hebräische Alphabet und die Lehre der Kabbala eine bedeutende Rolle spielen. Wichtig waren auch die nordischen Runenzeichen; im indischen Raum war und ist die mantrische Silbe „Om" (Aum) von Bedeutung.

Entscheidend ist das Material, aus dem Talisman oder Amulett gefertigt werden, und viele wählen Edelsteine, da sie mit bestimmten Planeten und damit dem Tierkreiszeichen des Trägers in Verbindung gebracht werden können.

Ein bekannter Spruch bei einem Glücksamulett phönizischer Herkunft lautet: „Adonis, höre mein Wort und segne mein Werk, denn du bist der Herrscher der Erde und des Himmels, der wahre Herrscher, welcher wiederkehren wird mit dem glücklichen Zeitalter." Ein chaldäischer Spruch (Chaldäisch war die Umgangssprache Palästinas zur Zeit Christi) besagt: „Mein Herr wird der Krankheiten keine auf mich legen."

Im alten Orient existierte eine ungeheure Vielfalt von Amuletten. Nach Grabbeigaben zu urteilen, setzte sich diese Tradition über die ägyptischen, hellenistischen und römischen Kulturen fort bis zur Zeit nach der Völkerwanderung und schließlich in das Europa des 16. und 17. Jahrhunderts. In Europa haben sich Talisman-Tradition und medizinische Heilkunde ergänzt, und das sehr häufig unter Zuhilfenahme von Edelsteinen.

Eine im europäischen Mittelalter häufige Anweisung für die Herstellung von Edelsteinamuletten oder -talismanen war, den Stein in ein silbernes oder goldenes Gefäß zu legen, das mit weißem oder rotem Wein gefüllt war, und dies dann drei Nächte dem Mondlicht auszusetzen. Dann sollte der mit der Energie des Edelsteines aufgeladene Wein getrunken und der Stein zur Amulettherstellung verwendet werden.

Wichtig bei den astrologischen Gesichtspunkten, unter denen ein Talisman oder Amulett gefertigt werden, sind Daten des persönlichen Horoskops – der Aszendent, die im ersten Haus befindlichen Planeten, Sonne und Mond. Bei Zweifelsfällen wird oft das Pendel zu Rate gezogen, das auch die Edelsteine mitbestimmen kann.

Die dem Amulett oder Talisman heute zugesprochenen Eigenschaften sind mit Hoffnungen der Menschen hinsichtlich ihrer Gegenwart und Zukunft verknüpft; hier findet man deutliche Unterschiede zum früheren Amulett oder Talisman, die magisch-religiöse Hintergründe hatten.

Aber diese persönlichen Glücksbringer sind immer noch von Bedeutung, auch für den „modernen" Menschen unserer Zivilisation, der oft gern etwas dazu tun möchte, sein individuelles Glück, seinen Erfolg und seine Sicherheit zu begünstigen, auch wenn er sich der tatsächlichen Wirkung dieser kleinen geheimnisvollen „Tricks" vielleicht durchaus nicht immer ganz sicher ist.

Heilen mit Edelsteinen

Ein Edelstein hing
um den Hals
unseres Vaters Abraham
und jeder Kranke,
der ihn sah,
genas sofort.
Talmud

Im folgenden kann nur in Grundzügen auf die allgemeine Heilwirkung
von Edelsteinen eingegangen werden. Die den einzelnen Steinen
zugesprochenen Heilkräfte lassen sich dem lexikalischen Teil entnehmen, in
dem die Wirkungen näher beschrieben werden.
Die Faszination, die Edelsteine auf Menschen früherer Epochen ausübten,
war zunächst in der Schönheit der Steine begründet, in ihren Farben,
ihrer Durchsichtigkeit und der Lichtbrechung der Kristalle.
In der Frühzeit der Kulturentwicklung waren es zuerst ganz praktische
Anweisungen, wie und in welcher Form die Edelsteine gegen bestimmte
Krankheiten zu verwenden waren. Zum Beispiel sollte Malachitpulver
gegen Gliederschmerzen helfen und die Augen reinigen. Allmählich entwickelten sich diese ganz pragmatischen Anweisungen zu komplizierten
Systemen und Theorien. Es wurde nicht mehr nur Malachitpulver
verschrieben, sondern auch die Zeit bestimmt, wann das Pulver einzu-
nehmen sei und von wem es verabreicht werden sollte. In kultischen
Handlungen, wie z. B. der Verehrung des Mondes, wurden Edelsteine
von Schamanen und Medizinmännern verwendet. Die Heilung
verlagerte sich dabei in den Bereich der Suggestion und Autosuggestion.
Besonders in Indien wurden und werden Edelsteine schon von jeher als
Heilmittel eingesetzt. In der „Ayurveda", was altindisch ist und soviel
wie „Wissenschaft vom Leben" bedeutet, finden sich zahlreiche
Hinweise auf Therapien solcher Art. Die Steine sind vom Patienten in
pulverisierter Form einzunehmen, was sich natürlich nur eine kleine
privilegierte Gruppe leisten kann, denn die Edelsteine sind damit nicht
mehr weiterzuverwenden und müssen teuer bezahlt werden.
Häufig wurden Edelsteine in der Heilkunde aber auch äußerlich
angewendet, indem man sie auf die erkrankte Körperstelle legte oder
deren Umgebung mit einem Stein bestrich oder massierte. Diese

Verfahren waren natürlich „billiger" und entsprechend breit anwendbar.
Es wurden aber auch Heilsalben aus zerstoßenen Edelsteinen hergestellt,
wobei Tinkturen aus oder mit zermahlenen Perlen, Saphir, Malachit und
Stibnit besonders gefragt waren.

Die Farben der Edelsteine spielten in der Edelsteintherapie eine bedeutende
Rolle. Nach dem Prinzip „similia similibus curantur" (etwa: Gleiches
wird durch Gleiches geheilt) wurde die Farbe eines Edelsteins für die
Heilmethode ausschlaggebend. Rot, die Farbe des Blutes, wurde wichtig
bei Erkrankungen des Blutkreislaufs, bei blutenden Wunden und
Blutkrankheiten. Im „Hortus Sanitatis" des Johannes von Kuba fand sich
1486 folgende Anweisung zum Stillen von Nasenbluten: „Ematites
(Hämatit), Blutsteyn: ... dieser steyn ist kalt und trockener Natur.
Dieser steyn in die handt genommen, so die nase blut, stillet das bluden
in der nasn. Diesn steyn gepulvert und gemischet mit taschenkrautsaft
und ... in die naslöcher gestrichen, benimpt das bluden darauß."

Über die Araber war die Kenntnis der Edelsteintherapie nach Europa
gedrungen. Meist wurde angenommen, je kostbarer ein Stein war, desto
wirkungsvoller sei seine Heilkraft. Auch kritische Gelehrte, die vor
Aberglauben und Betrug warnten, zweifelten doch nie an den grund-
sätzlichen Heilkräften der Edelsteine. Von Zarathustra über Theophrast
und Plinius, Albertus Magnus, Agrippa von Nettesheim bis hin zu
den Fachleuten des vorigen Jahrhunderts wurden die Heilkräfte der
Edelsteine erwähnt oder beschrieben, wobei die jeweiligen Anweisungen
zu ihrem Gebrauch teilweise nur leicht modifiziert wurden. In einer
Anleitung aus dem Jahre 1696 heißt es: „Die Edel-Gestein zu praeparirn:
die Praetiosen Steiner / als Rubin / Smaragd / Hyacinth und Granaten /
werden vorhero in einen Schmeltz-Tügl gebrennt / sodann in einem
Rosenwasser abgelöscht / getrücknet / nachdem in einem Mörser
zu Pulver gestossen / hernach erst auff einem Reibstein / mit Rosen-
Boragen und dergleichen Herzstärckenden Wässern / subtiler abgeriben
/ und trücknen lassen."

Schönheit und Vollkommenheit der Edelsteine - jedenfalls im Vergleich
zu anderen, von Menschenhand hergestellten Dingen - ließen die
Menschen an göttliche, heilende Eigenschaften der Steine glauben und
sie daher auch mit Begriffen wie Macht, Kraft und Schutz in
Zusammenhang bringen. Daraus mußte zwangsläufig eine Anwendung
in der Heilkunde folgen.

Nach alten indischen Überlieferungen besitzt der menschliche Körper

sieben wichtige Kraftzentren, die sogenannten „Chakras", durch die die
kosmische Strahlung auf den Menschen einwirkt, ihn bzw. seine
Chakras geradezu „ernährt". Wenn der Körper nicht genug von dieser
Strahlung erhält, so erkrankt der Mensch. Jedes der sieben Chakras hat
sein eigenes System, wobei aber alle miteinander verbunden sind.
Die Strahlung ist wiederum in „farbige Strahlen" aufgeteilt, die auch im
Regenbogen erscheinen, und diesen Farben hat man bestimmte
Edelsteine zugeordnet. So entstand die Zuteilung von Edelsteinen zu
bestimmten Körperorganen des Menschen, die den jeweiligen Chakras
angehörten. Nach alter indischer Auffassung wird die kosmische
Farbstrahlung mit Hilfe der entsprechenden Steine auf den Patienten
übertragen, so daß das Gleichgewicht der kosmischen Strahlung
auf seinen Körper wiederhergestellt wird. Das Ayurveda, in dem Edelsteine als Heilmittel eine bedeutende Rolle spielen, gibt ausführliche
Anleitungen dafür, welche Steine bei welchen Erkrankungen
anzuwenden sind. Bei den Farben der kosmischen Strahlung handelt es
sich um Violett, Indigo, Blau, Grün, Gelb, Orange und Rot. Da Rot als
die Farbe des Feuers gilt, welches Hitze ausstrahlt, soll rote Strahlung
beispielsweise den Körper wärmen.
Basierend auf den indischen Chakras ordnete W. A. Tiller von der Stanford
University in Kalifornien 1975 verschiedenen Organen bestimmte
vorgeblich heilkräftige Edelsteine zu. So beispielsweise dem Kopf:
Diamant, Smaragd, Saphir, Rubin, Mondstein; dabei der Nasenwurzel
den Saphir; dem Hals den Diamanten; dem Herzen den Edeltopas
und den Rubin; der Milz den Smaragd; dem Nabel die Perle und den
Rubin; dem Rückgrat die Koralle.
Interessanterweise wird gerade heutzutage die Edelstein-Heilkunde
erneut diskutiert und angewendet. Das liegt mit daran, daß man
inzwischen um die Zusammensetzung der Steine und ihrer Spurenelemente weiß, Eigenschaften, die früher allerdings schon erahnt
wurden.

Entstehungsgeschichte der Erde

Wenn wir uns mit Mineralien und deren edelsten Formen, den Edelsteinen, beschäftigen wollen, so sollten wir auch etwas über ihren Ursprung erfahren. Dieser ist untrennbar mit der Entstehung und Entwicklung unserer Erde, wie wir sie heute kennen, verbunden. Um Erdgeschichte zu erklären, müssen wir versuchen zu begreifen, was Zeiträume von einer Million oder sogar einer Milliarde von Jahren bedeuten. Wie unmöglich das eigentlich ist, verdeutlicht eine bildhafte Darstellung von Hendrik van Loon (The Story of Mankind): „Hoch oben im Norden im Lande von Svithjod, da steht ein Fels. Er ist 160 Kilometer hoch und 160 Kilometer breit. Alle tausend Jahre kommt ein kleiner Vogel an diesen Felsen, um seinen Schnabel zu wetzen. Wenn der Fels auf diese Weise abgetragen ist, dann wird ein einziger Tag der Ewigkeit vergangen sein." Da auch 1 000 Jahre für uns unvorstellbar sind, kann dieses Bild dennoch nur eine Annäherung an die wahren Zeiträume sein, in denen der Planet Erde entstanden ist.

Man nimmt heute an, daß sich vor 4,6 Milliarden Jahren aus kosmischem Staub ein fester Himmelskörper zu bilden begann. Durch starke physikalische Urkräfte wurde ein fester Planet geformt, dessen Zentrum viele zehntausende von Graden heiß war und ist. In dieser Zeit kam es zu einer Sortierung von Elementen und Verbindungen entsprechend deren Dichte. Schwere Metalle, wie Eisen und Nickel, sanken in die Tiefe und bildeten den Erdkern. Leichtere Bestandteile, wie silikatische Verbindungen, konzentrierten sich darüber und bauen seitdem den rund 2 700 Kilometer mächtigen Erdmantel auf. Aus dem Erdmantel trennte sich durch magmatische Vorgänge die Erdkruste als oberste Lage von nur 8 – 40 Kilometer Dicke ab, und die ersten Mineralien begannen sich zu bilden.

Während der letzten 15 Jahre galten Gneise aus Westgrönland mit 3,8 Milliarden Jahren als älteste Gesteine. Dank neu entwickelter Messungs-methoden (radioaktive Altersdatierung) können Wissenschaftler das Alter der Erdgesteine zuverlässig bestimmen. Kürzlich wurden zwei Datierungen mit 4,2 Milliarden Jahren bekannt. In einem Fall handelt es sich um Eklogit im südafrikanischen Kimberlit, im anderen Fall um Zirkonkristalle in Australien. Die Untersuchung von Mondgestein und Meteoriten hat inzwischen auch Informationen über die noch fehlenden ersten 0,4 Milliarden Jahre erbracht.

Mineralien sind also auf natürliche Weise entstandene Substanzen einheitlicher Zusammensetzung und fast immer von fester Beschaffenheit. Sie bestehen aus einem oder mehreren Grundbaustoffen, die wir Elemente nennen. Ein jedes Element wiederum besitzt einen fest strukturierten Aufbau aus Atomen, Elektronen und Ionen, der bestimmt, mit welchen anderen Elementen es sich verbinden kann. Verbinden sich zwei oder mehrere verschiedene Elemente miteinander, so nennt man dieses Molekül.

Also können Mineralien sowohl aus Elementen als auch aus Molekülen bestehen.

Ein bekanntes Mineral ist der Diamant. Er besteht nur aus dem Element Kohlenstoff (mit dem chemischen Zeichen C).

Die Edelsteine Rubin und Saphir gehören zu der Gruppe der Korunde, die aus den chemischen Elementen Aluminium und Sauerstoff bestehen, die im Verhältnis 2:3 verbunden sind: Al_2O_3. So bestehen die Korunde aus Molekülen, die sich in einem bestimmten Verhältnis zueinander ordnen. Dieses Sich-Zueinanderordnen findet in der Natur statt, wenn eine Substanz aus dem gasförmigen oder flüssigen in den festen Zustand übergeht. Es bilden sich Kristalle, die Meter groß oder Millimeter klein sein können. Dieses ist abhängig von verschiedenen Faktoren wie: Wärme, Druck und Stoffzufuhr.

Kristalle sind dreidimensionale feste Körper mit einer regelmäßigen geometrischen Anordnung der Atome und Ione bzw. deren Verbindungen, der Moleküle. Sie sind im Idealfall streng geometrisch angeordnet und bilden als äußere Begrenzung Flächen. Es sind die Kristallflächen. Die Gesetzmäßigkeit des Aufbaus ist vor allem von dem Durchmesser und der chemischen Wertigkeit der beteiligten Elemente und Moleküle abhängig. Somit verleiht das Kristallgitter den Mineralien bestimmte physikalische und chemische Eigenschaften, auf die wir später noch eingehen werden.

Es ist interessant zu erkunden, welche Kräfte mithelfen, die Farben, Formen und Arten dieser Naturwunder zu erschaffen – auch wenn diese Vorgänge für den Laien nicht leicht durchschaubar sind. Der Zauber eines Kristalls, der uns gefühlsmäßig zutiefst berührt, kann jedoch durch die Wissenschaft allein nicht erklärt werden, sondern wird immer als Geheimnis ganz persönlich erlebt werden müssen.

Begriffe aus der Mineralogie

Geschichte
Bereits aus den Zeiten der Griechen und Römer gibt es Überlieferungen, in denen Mineralien erwähnt werden.
Aristoteles (384 – 322 v. Chr.) beschreibt in seinem Werk „Meteoroligica" Mineralien und Metalle. Der römische Autor Plinius der Ältere (23 – 79 n. Chr.) hat in seinem aus 37 Bänden bestehenden Werk „Naturgeschichte" allein vier Bände den Mineralien gewidmet.
Erst viel später, im ausklingenden Mittelalter, wurden die ersten umfassenden wissenschaftlichen Werke geschrieben und damit der Grundstein der „Mineralogie" gelegt.
Die Mineralogie gehört zu dem Bereich der Naturwissenschaften und ist ein Teil der Geowissenschaften.
Der Begriff „Mineral" läßt sich von dem lateinischen Wort „minare = „Bergbau betreiben" ableiten und zeigt somit die enge historische Beziehung zum Bergbau und dem Bergmann.
Die Mineralogie war schon immer hilfreich beim Suchen und Gewinnen von Rohstoffen. Sie hat zur Aufgabe, die uns umgebende geologische Materie in eine Ordnung zu bringen und sie zu erklären. Es war für die Menschheit immer eine Lebensnotwendigkeit, sich mit den Mineralien zu beschäftigen – als Roh-, Bau-, Werkstoff sowie Schmuck- und Ziergegenstand.
Uns interessiert jedoch nur ein kleiner Teilbereich der Mineralogie, nämlich die Edelsteine.
Edelsteine sind Mineralien, die aufgrund besonderer Eigenschaften von den Menschen hoch geschätzt werden. Hierzu gehören sowohl Härte, Reinheit und seltenes Vorkommen als auch Farbenspiel, Glanz und auffallende Lichterscheinungen. Fast alle Edelsteine zeigen ihre wahre Schönheit jedoch erst, wenn sie geschliffen werden. Die Verfeinerung der Schlifftechniken macht es heute möglich, einen Edelstein in seinem ganzen Feuer erstrahlen zu lassen.
Unter den Begriff der Edelsteine fallen übrigens auch biogene Produkte wie Perlen, Bernstein und Korallen.
Der Begriff „Halbedelstein" wurde früher vom Handel für preiswertere Steine, die sich zur Herstellung von Schmuck eigneten, gebraucht. Er ist jedoch heute nicht mehr üblich; man spricht stattdessen von Schmucksteinen und Edelsteinen.

Zur Charakterisierung eines Edelsteines benötigen wir folgende Kategorien:

- Name
- Gruppe
- Farbe
- Mohshärte
- spezifisches Gewicht
- Kristallsystem
- Kristallformen
- Chemie
- Entstehung und Vorkommen

Siehe dazu nähere Erläuterungen im „Alphabetischen Verzeichnis der Edelsteine".

Name

Die Namen der Mineralien und deren Edelsteine finden ihren Ursprung in der griechischen, orientalischen, lateinischen und oft auch deutschen Sprache. Mit Hilfe der Wissenschaft wurden ständig neue Mineralien entdeckt und dann auch bekannte Mineralien mit neuen Namen versehen. Außerdem hat der Edelsteinhandel noch weitere verkaufsfördernde Phantasienamen dazugegeben, so daß es vorkam, daß ein und dasselbe Mineral zwei oder mehrere Namen besaß. Dieses ist nun korrigiert und durch eine Begriffs-Bezeichnungsvorschrift für Edelsteine (RAL 560A5) vereinheitlicht worden.

Beispiele für die Herkunft von Namen:
Malachit: Kommt aus dem Griechischen und heißt „Malve"
Diamant: Kommt aus dem Griechischen und heißt „der Unbezwingliche"
Turmalin: Kommt aus dem Singhalesischen und heißt „rote Edelsteine"
Rubin: Kommt aus dem Lateinischen und heißt „rot".

Gruppe (Mineralgruppe)

Als Mineralgruppen bezeichnete man Mineralien mit der gleichen chemischen Zusammensetzung aber unterschiedlicher Farbgebung, die meist durch Spurenelemente hervorgerufen wird.

Als Beispiel die Korundgruppe:
„Gemeine" Korunde heißen die Mineralien, welche aus Aluminium und

Sauerstoff gebaut sind: Al_2O_3. Diese sind grau, farblos bis leicht bläulich und werden ausschließlich als Schleifmaterial – bedingt durch ihre große Härte – verwendet. Entstehen aber Korunde mit geringsten Beimengungen (Spurenelemente) von Chrom oder Eisen, werden es Rubine oder Saphire, die ihre rote bzw. blaue Farbe durch die Spurenelemente erhalten.

Außerdem bilden auch Mineralien von unterschiedlicher makrokristalliner Struktur, aber mit gleicher chemischer Zusammensetzung, Mineralgruppen.

Als Beispiel die Quarzgruppe:
1. Kristallquarze: Bergkristall, Rauchquarz, Amethyst, Citrin, Quarz mit Einschlüssen.
2. Körnige Quarzaggregate: Rosenquarz, Jaspis, Aventurinquarz, Saphirquarz, Amethystquarz, Prasem und Plasma.
3. Stengelige Quarzaggregate: Quarzkatzenaugen, Falkenauge, Tigerauge.
4. Faserige Quarzaggregate: Chalcedon, Chrysopras, Heliotrop, Karneol, Achat, Holzstein.

Farben

Mineralien besitzen außerordentlich verschiedene Farben, die den sichtbarsten und damit wichtigsten Effekt bilden. Durch die Farbe eines Minerals wird der Wert – und damit seine Verwendbarkeit – gekennzeichnet. Zum Beispiel ist ein leicht rötlich getönter Korund noch kein Rubin. Erst aufgrund seiner intensiven und charakteristisch roten Farbe nennt man den roten Korund Rubin.

Das weiße Licht besteht aus verschiedenen Wellenlängen, die das sogenannte Spektrum (rot, orange, gelb, grün, blau, violett) bilden. Ein Lichtstrahl, den man durch einen transparenten Kristall hindurchführt, wird in einer ganz bestimmten Weise abgeschwächt. Dieses Abschwächen oder Verschlucken des Lichtstrahls nennt man „absorbieren". Die absorbierten Wellenlängen „fehlen" nun am Weiß. Alle nicht absorbierten Wellenlängen ergeben in ihrer Kombination die Farbe des Edelsteines. Werden alle Wellenlängen durchgelassen, so ist der Stein weiß bzw. farblos.

Also ist klar, daß, wenn eine Wellenlänge beim Durchgang durch das betreffende Material mehr absorbiert wird als die andere, eine gewisse Restfarbe entsteht und das betreffende Mineral uns farbig erscheint.

Welche Wellenlängen absorbiert werden, wird durch Metalle wie Chrom, Eisen, Kobalt, Kupfer, Mangan, Nickel und Vanadium bestimmt.
Oft genügen kleinste Beimengungen von Fremdmineralien, um einem Kristall eine andere Farbe zu verleihen.
Der Schliff der Edelsteine und die damit verbundene Schliffform sind von erheblicher Wichtigkeit, um die Körperfarbe zu vertiefen oder zu verschönern, die bei edlen transparenten Steinen erwartet wird.
Es gibt auch eine Oberflächenfarbe, die bei Mineralien aus fein kristalliner Struktur auftritt. Hier setzt der Absorptionsvorgang bereits in der obersten Schicht ein und ergibt zusammen mit dem Reflexionslicht die Farbe (Türkis, Lapis etc.)

Mohshärte

Unter der „Härte" versteht man den Widerstand, den ein Mineral mechanischer äußerer Beanspruchung entgegensetzt. Der Wiener Mineraloge Friedrich Mohs (1773 – 1839) wählte zehn verschieden harte Mineralien als Vergleichsstücke und gab ihnen in der Reihenfolge zunehmender Härte die Einteilung 1 – 10.
Jedes in diese Reihe eingeordnete Mineral ritzt das vorhergehende und wird selbst vom Nachfolgenden geritzt. Alle Mineralien besitzen eine ihnen eigene Härte. Somit ist diese physikalische Eigenschaft ein Erkennungsmerkmal und dient zum Bestimmen von Mineralien.
Um als Schmuck verarbeitet zu werden, müssen Mineralien mindestens eine Härte von 5 – 6 aufweisen, da sie sonst für den Gebrauch viel zu empfindlich wären. Selbst im feinsten Staub befinden sich nämlich Quarzpartikelchen mit einer Härte von ca. 7,5, die alle weicheren Steinarten angreifen können.
Der Diamant hat eine Härte von 10; zu den weichsten Mineralien gehört Talk mit Härte 1.

Spezifisches Gewicht

Auch das spezifische Gewicht (Dichte) ist ein charakteristisches Merkmal der Mineralien. Allgemein gibt es an, wieviel mal schwerer ein Körper ist als die gleiche Menge Wasser von 4° Celsius. Es ist also das Gewicht der Volumeneinheit eines Körpers (g/cm^3).
Eine unschätzbare Bedeutung hat dies spezifische Gewicht für die Auffindung von Edelsteinen und wertvollen Metallen, da sich die edlen und wertvollen Mineralien meist durch größere Dichte von den

gesteinsbildenden, weniger wertvollen Mineralien unterscheiden.
Dieses Prinzip wird z. B. beim Goldwaschen ausgenutzt, indem goldhaltiger
Sand in einer flachen Wasserschüssel solange geschwenkt wird, bis
die leichteren Bestandteile des Sandes ausgeschwemmt sind und sich
das schwerere Gold am Boden der Schüssel gesammelt hat.

Kristallformen

Die Kristalle werden in der Mineralogie und speziell in der Kristallographie
in sieben Systeme eingeteilt, die sich von ihrem symmetrischen Aufbau
herleiten.
Man unterscheidet folgende Systeme:
- kubisch
- tetragonal
- hexagonal
- trigonal
- rhombisch
- monoklin
- triklin

Diese Einteilung ist hilfreich beim visuellen Bestimmen von Mineralien.
Außerdem bedient sich der Edelsteinschleifer der Gesetze der
Kristallographie, um beim Schneiden und Schleifen eines Minerals
optimale Farb- und Lichterscheinungen zu erzielen.

Chemie

Jedes Mineral wird nach den elementaren Regeln der Chemie mit einer
Formel beschrieben, die der Analyse entspricht. Die chemische Formel
gibt Auskunft über die wesentlichen Bestandteile des Minerals.
Unwesentliche Bestandteile sind nur die Spurenelemente, die jedoch
erhebliche Farbveränderungen hervorrufen können. Sie bleiben aber in
der chemischen Formel unberücksichtigt.

Entstehung und Vorkommen

Die Entstehungsmöglichkeiten der Mineralien sind vielseitig. Sie können
aus Lösungen, Dampf, Schmelze, Lava, aber auch durch Umwandlungen
von schon vorhandenen Mineralien gebildet werden.
Es entstehen immer Kristallkeime, an denen sich weitere Elemente oder
Moleküle anlagern und solange wachsen, wie die erforderlichen

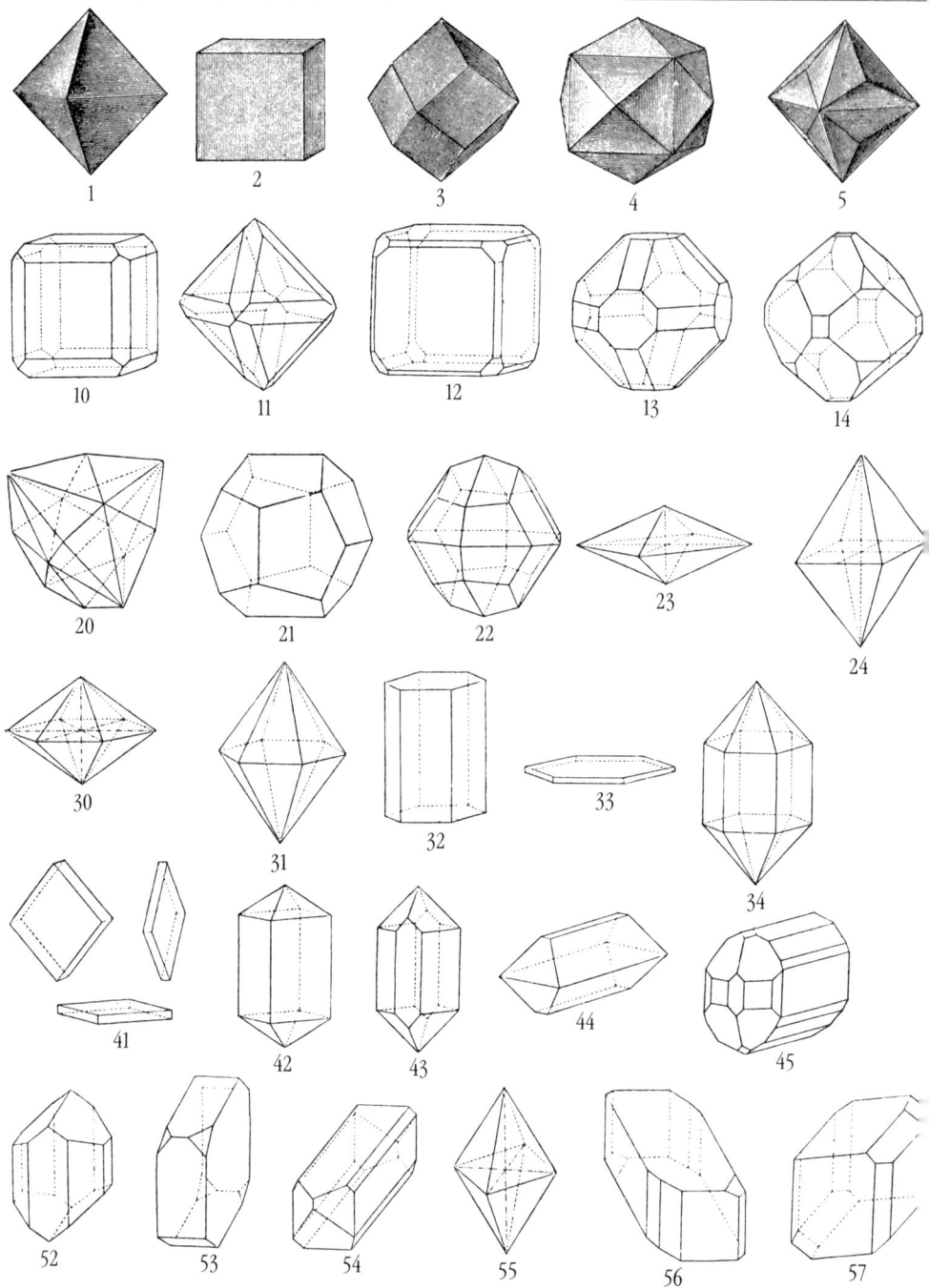

Kristallformen und Kristallsysteme. 1 – 22: kubisch; 23 – 29: tetragonal; 30 – 35: hexagonal; 36 – 41: trigonal;

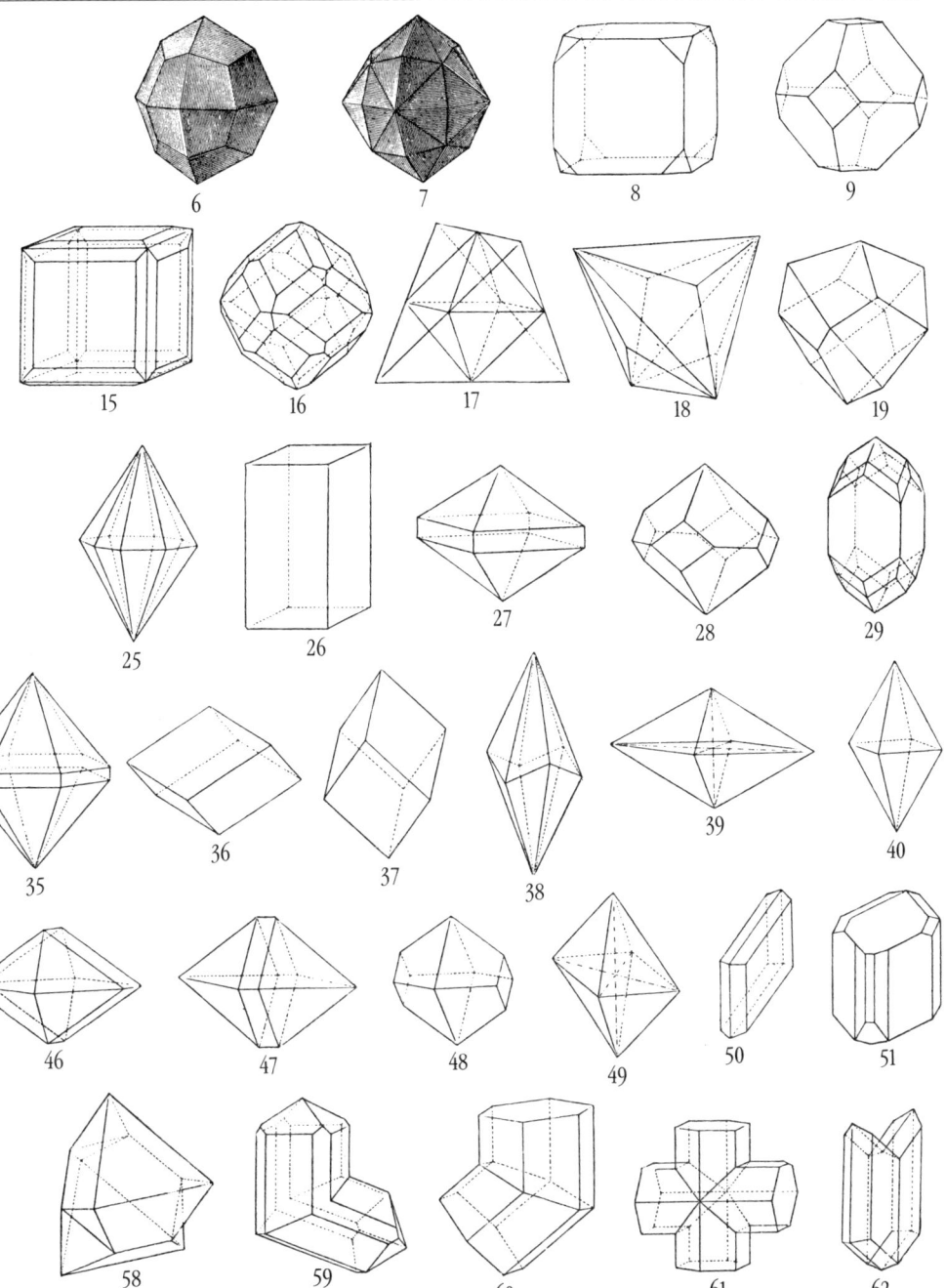

6 7 8 9

15 16 17 18 19

25 26 27 28 29

35 36 37 38 39 40

46 47 48 49 50 51

58 59 60 61 62

42 - 48: rhombisch; 49 - 54: monoklin; 55 - 57: triklin; 58 - 62: Sonderformen.

Bedingungen vorhanden sind. Hier sollten wir uns aber nicht weiter mit den komplizierten chemischen und physikalischen Vorgängen, die zur Bildung oder Umwandlung der Mineralien führen, beschäftigen.
Wir sollten uns nur die drei Hauptgruppen merken, die zur Mineralbildung führen:
1. Alle Mineralbildungen, die aus der Schmelze, aus Gasen oder Lösungen entstehen: *magmatischer* Bildungsbereich.
2. Alle Mineralbildungen, die durch Druck und/oder Temperaturveränderungen unterhalb der Schmelztemperatur aus anderen Mineralien entstehen: *metamorpher* Bildungsbereich.
3. Alle Mineralbildungen, die durch Sedimentation, Oxidation oder Verwitterung entstehen: *sedimentärer* Bildungsbereich.
Wenn Mineralien durch einen gemeinsamen Entstehungsvorgang gebildet werden, sprechen wir von einer Paragenese. Man unterscheidet vier Hauptgruppen von Paragenesen und damit auch von Gesteinen:
1. Eruptivgesteine
2. Sedimentgesteine
3. Kristalline Schiefer (Metamorphe Gesteine)
4. Verwitterungsbildungen

Die durch Konzentration bestimmter Minerale entstandenen Anreicherungen werden als Lagerstätten bezeichnet. Es wird differenziert zwischen primären und sekundären Lagerstätten.
Bei den primären Lagerstätten sind die Mineralien im ursprünglichen Zustand und im Verbund mit dem Muttergestein erhalten. Bei den sekundären Lagerstätten sind die Mineralien durch Verwitterung und Erosion vom Ort ihrer Entstehung abtransportiert und an anderer Stelle als Sediment abgelagert worden. Hier hat die Natur schon durch den Abtransport des Verwitterungsschuttes eine Auslese getroffen, so daß Mineralien mit geringem spezifischem Gewicht (Dichte) schneller transportiert werden können als die Mineralien mit hohem spezifischem Gewicht.
Die dadurch entstandenen Anhäufungen schwerer Mineralien dienen heute als Fundpunkte der Edelsteinsucher. Diese Art von Lagerstätten wird auch „Seife" genannt.
Einen Diamanten z. B. kann man sowohl in primären als auch in sekundären Lagerstätten finden. Dieses ist abhängig von der Geologie des Fundortes.

Amethyst: Dieser Kristall ist von ungewöhnlicher Größe und Form.

Alphabetisches Verzeichnis der Edelsteine

ACHAT

Der Fluß Achates, angeblich der erste – und bis heute nicht eindeutig bestimmbare – Fundort, verlieh diesem Stein seinen Namen. Er wurde in der Zeit des griechischen Philosophen Theophrastos (372 – 287 v. Chr.) beschrieben. Die Araber brachten ihn dann in größeren Mengen nach Europa. Von ihnen, die ja hauptsächlich in Wüstengebieten lebten, stammt auch die Ansicht, der Achat sei ein Helfer gegen den Durst, solange man ihn im Mund behalte. Diese Auffassung findet sich auch in den mittelalterlichen Steinbüchern. Berühmt waren vor allem indische Achate, auch wegen ihrer angeblich besonders schönen bildartigen Zeichnung, worin man Tiere und Landschaften zu erkennen glaubte.

Dem Achat wird eine vielfältige Heilwirkung zugeschrieben. Schon Hildegard von Bingen (1098 – 1179) und Konrad von Megenberg (um 1309 – 1374) berichten davon. Der grüne Achat soll gegen bestimmte Augenleiden helfen, das Berühren des Steins Schmerzen lindern und bei dauerhafter Behandlung zur Genesung führen. Auch bei Fieber, Epilepsie sowie Unfruchtbarkeit wird dem Achat eine helfende Wirkung nachgesagt. In der neueren Lithotherapie wird der Achat zunehmend bei Kopfschmerzen, Depressionen und Hautkrankheiten eingesetzt. – Auch magische Eigenschaften werden ihm zugeschrieben: Männer sollen durch das Tragen des Steins bei Frauen Liebe erwecken. Besonders den unter dem Tierkreiszeichen des Stiers Geborenen soll der Achat eine größere Sensibilität verleihen, vor allem beim Umgang mit anderen Menschen. Dabei soll seinem Träger zu der Fähigkeit verholfen werden, zwischen „wahren und unwahren Freunden" zu unterscheiden.

Heilwirkung: Hilft gegen Kopfschmerzen, Hautkrankheiten und speziell gegen fiebrige Infektionen.
Astrologie: Stier; verleiht größere Sensibilität; Steinbock (Moosachat); Stärkung der Willenskraft.

Name:	Achat
Gruppe:	Quarz-Gruppe
Farbe:	verschiedenfarbig gestreift in rötlichen, braunen, graublauen Farbtönen. Oft künstlich gefärbt (schwarz)
Mohshärte:	6,5 – 7
Spez. Gewicht:	2,6 (± 0,05)
Kristallsystem:	trigonal
Kristallform:	mikrokristalline Aggregate
Chemie:	SiO_2 Siliciumdioxid
Bildungsbereich:	in ehemaligen Hohlräumen kieselsäurearmer Vulkangesteine
Wichtige Vorkommen:	Brasilien, Mexiko, Uruguay, Bundesrepublik Deutschland (Idar-Oberstein), Vorderindien, USA

ALMANDIN (✦ Granat)

AMAZONIT (Amazonenstein)

Der Name dieses Steins hat seinen Ursprung in Südamerika. Alexander von Humboldt hat in seinen Reisebeschreibungen über ihn berichtet. Bei den Indianern am Rio Negro fand er „einige grüne Steine, die unter dem Namen Amazonensteine bekannt sind". Diese dort sehr beliebten und hochangesehenen Steine wurden meist in einer zylindrischen Form gebraucht, der Länge nach durchbohrt und als Amulette gegen Schlangenbisse und Krankheiten um den Hals getragen. Oft waren sie auch mit Figuren und Inschriften versehen.

Ihre Fundstätte lag allerdings nicht am

Achate: Diese Steine faszinieren durch ihren unerschöpflichen Reichtum an Farben und Strukturen.

Rio Negro, sondern nach den Angaben der Indianer im „Land der Weiber ohne Männer, wo die Weiber allein leben".

Humboldt nahm daher an, daß der Stein nicht nach dem Amazonasstrom benannt worden war, sondern sowohl der Fluß als auch der Stein nach dem sagenhaften Land der indianischen Amazonen.

Heilwirkung: Gegen Schmerzen im Solar-Plexus-Bereich und Herzbeschwerden.

Astrologie: Wassermann; verstärkt Vitalität.

Name: Amazonit

Gruppe: Feldspat-Gruppe

Farbe: grün, bläulich-grün

Mohshärte: 6 - 6,5

Spez. Gewicht: 2,6 (± 0,02)

Kristallsystem: triklin

Kristallform: prismatisch

Chemie: $K[AlSi_3O_8]$ Kalium-Aluminium-Silicat

Bildungsbereich: In Eruptivgesteinen und Pegmatiten

Wichtige Vorkommen: USA (Colorado), Madagaskar, Südwestafrika, UdSSR, Brasilien

---

AMETHYST

„Ein Amethyst ist der Stein;
ich Bacchus bin Trinker.
Entweder bringt er mir
Nüchternheit bei, oder das
Trinken lernt er."
(Alter griechischer Spruch)

In allen Kulturen ist dem Amethysten eine große Bedeutung beigemessen worden. In Indien wurde dieser Stein Buddha geweiht. Die Mönche in den buddhistischen Klöstern Tibets meditieren mit „Rosenkränzen" aus Amethyst. In Ara-

bien wurde er als Schutzstein verehrt; so legte man ihn z.B. gegen Alpträume unter das Kopfkissen.

Das griechische Wort „amethyein", was etwa soviel wie „nicht betrunken" bedeutet, führt zurück auf die Eigenschaften, die dem Stein in der Antike zugesprochen wurden. Der dem roten Wein ähnliche Amethyst sollte vor Trunkenheit schützen. Daher auch die Sitte in der Antike, Wein aus Amethystbechern zu trinken. Die antike Gewohnheit, den Amethysten auch „Bacchusstein" zu nennen, entsprang einem alten griechischen Mythos, nach dem die Göttin Diana (Artemis) eine von Bacchus (Dionysos) geliebte Nymphe in einen Amethysten verwandelte.

Im Mittelalter, wo er von Bischöfen und Kardinälen mit Vorliebe getragen wurde, fand der Stein Eingang in die damalige Medizin. Hildegard von Bingen z.B. empfahl ihn als Mittel zur Verbesserung der Haut und sogar gegen Schlangenbisse, und Konrad von Megenberg meinte, daß der Amethyst „böse Gedanken" vertreibe und zusätzlich den Verstand aktiviere. Natürlich lebte auch weiterhin die Vorstellung, der Stein heile die Trunksucht.

In der Lithotherapie wird der Amethyst auch zur Verbesserung der Konzentrationsfähigkeit eingesetzt. Außerdem wirkt er beruhigend auf Herz und Nerven und hilft bei Schlaflosigkeit und Migräne, wobei er über die Schläfen gestrichen wird.

In der Astrologie wird der Amethyst den Fischen zugeordnet und soll die intuitiven Anlagen seines Trägers fördern sowie dessen „Verbindung zum Kosmos" herstellen. Außerdem wird ihm nachgesagt, er würde Aufgeschlossenheit gegenüber den Mitmenschen sowie intellektuelle Fähigkeiten fördern.

Heilwirkung: Wirkt beruhigend auf Herz und Nerven. Verbesserung der Konzentrationsfähigkeit. Hilft bei Migräne und Schlaflosigkeit (über die Schläfen streichen).
Astrologie: Fisch; Förderung der intuitiven Anlagen und geistigen Fähigkeiten.

Name: Amethyst

Gruppe: Quarz-Gruppe

Farbe: blaß- bis tiefviolett

Mohshärte: 7

Spez. Gewicht: 2,63 – 2,65

Kristallsystem: trigonal

Kristallform: sechsseitige Prismen

Chemie: SiO_2 Siliciumdioxid

Bildungsbereich: in hydrothermalen und pegmatitisch pneumatolytischen Gängen, in Klüften und Hohlräumen vulkanischer Gesteine

Wichtige Vorkommen: Brasilien (Minas Gerais), Madagaskar, Sri Lanka, Uruguay, Marokko, Sambia

APATIT

Der blaue Apatit ist aufgrund seiner geringen Härte ein in der Schmuckindustrie fast unbekannter Stein. Bei Kennern stößt er jedoch wegen seiner bestechenden blauen Farbe, verbunden mit Transparenz, auf große Resonanz. In der Historie fand dieser Edelstein keine große Beachtung.
Heilwirkung: Hilft bei Augenleiden und grippalen Infekten.
Astrologie: Schütze; verstärkt den emotionalen Bereich.

Name: Apatit

Gruppe: –

Farbe: violett, blau, grüngelb, rosa

Mohshärte: 5

Spez. Gewicht: 3,18 (± 0,02)

Kristallsystem: hexagonal

Kristallform: kurz- und langsäulige, dicktaflige, flächenreiche Kristalle

Chemie: Ca_5 (F, Cl, OH) $[PO_4]$ 3 basisches fluor- und chlorhaltiges Calcium-Phosphat

Bildungsbereich: als Gemengteil von Magmatiten. Auf pegmatitischen und hochthermalen Klüften und Drusenräumen und in nahezu allen metamorphen Gesteinen

Wichtige Vorkommen: Sri Lanka, Birma, Indien, Mexiko, Brasilien, Kanada

AQUAMARIN

Folgt man einer alten Legende, so stammt der blaue Beryll, also der Aquamarin, aus dem „Schatzkästlein der Meerjungfrauen".
Die psychotrope Wirkung des Aquamarins ist in der Lithotherapie lange bekannt. So wird der Stein eingesetzt, um Aggressivität zu mildern und Depressionen zu lindern. Allgemein soll der Träger zu einem harmonischen inneren Gleichgewicht finden. Auch bei Nervenerkrankungen und Drüsenstörungen ist dieser Stein eingesetzt worden. Seine „harmonisierende" Wirkung macht seinen Träger empfindlich für die Ausstrahlung anderer Menschen und unterstützt seine Sensibilität.
Der Aquamarin gilt in der Astrologie allgemein als der Stein der Liebe für den Wassermann. So soll er Freundschaften und Liebesbeziehungen fördern. Man sagt ihm nach, er warne den Wassermann vor Gefahren. (Siehe auch Beryll)
Heilwirkung: Hilft bei Nervenerkrankungen und Drüsenstörungen.
Astrologie: Wassermann; verstärkt

Freundschaften und Liebe, warnt vor Gefahren. Waage; hilft bei Entscheidungen und stärkt Willenskraft.

Name:	Aquamarin
Gruppe:	Beryll-Gruppe
Farbe:	grünlichblau, blaß- bis tiefblau
Mohshärte:	7,5 - 8
Spez. Gewicht:	2,67 - 2,71
Kristallsystem:	hexagonal
Kristallform:	sechsseitige, langsäulige Prismen
Chemie:	Al_2Be_3 (Si_6O_{18}) Aluminium-Beryllium-Silicat
Bildungsbereich:	in Pegmatiten und in grobkörnigen Graniten; siehe ➤ Beryll
Wichtige Vorkommen:	Brasilien, Madagaskar, UdSSR (Ural), Nigeria, USA

BERGKRISTALL

„Im Bergkristall zeigt sich der Quarz vollendet."
(Goethe)
Die Vorstellung, Bergkristall sei versteinertes Eis, durchzieht die ganze Antike. Auch sein griechischer Name „crystallos" - also „klares Eis" - unterstützte diese Auffassung. Noch im Mittelalter nahm der Chemiker Johann Kunkel an, der Bergkristall sei „zusammengeronnenes Eis".
Vielerlei Mythen spinnen sich um diesen Stein. Besonders die Bergvölker entwickelten zahllose Legenden und vermuteten, daß Berggeister ihren Sitz in Palästen aus Bergkristall hätten. Durch seine Klarheit und Transparenz wurde im Bergkristall der Sitz von Göttern aller Art vermutet. So weihte Kaiser Augustus auf dem Kapitol den seinerzeit größten bekannten Bergkristall, der über fünfzig Pfund wog, einer römischen Gottheit.

Auch den nordamerikanischen Indianern gilt der Bergkristall bis heute als heilig. Neugeborenen wird als Zeichen der Erdverbundenheit ein Kristall in die Wiege gelegt. Auch in Tibet wird der Bergkristall hoch geschätzt; er soll den tibetischen Buddhisten helfen, sich in die Meditation zu versenken und den „Pfad der Erleuchtung" zu finden. Ähnlich wie der Amethyst wird der Bergkristall weltweit als Meditationsstein verwendet. Inder fertigen „Rosenkränze" aus ihm an, um die Wirksamkeit ihrer Gebete zu verstärken. Kristallkugeln, als meditationsfördernd geschätzt, sind überall begehrt. Die „Wahrsagekugel" hat hier ihren Ursprung. In der Heilkunde hat der Bergkristall eine lange Tradition. Schon Plinius beschrieb seine Heilwirkung, und im Mittelalter wurde er in der Volksmedizin als Mittel gegen den Durst und gegen die „Eisblase" eingesetzt. Bereits im alten Rom hatte Kaiser Nero, der für seine Vorliebe für Edelsteine bekannt war, seinen Wein nur aus Bergkristallbechern getrunken, im Glauben, sein Durst würde dadurch schneller gelöscht. Gegen das Sonnenlicht gehalten, soll eine Kristallkugel allerlei Heilungen der Haut, vor allem von Brandblasen, hervorrufen. Auch zum Stillen von Blutungen und gegen Gallenbeschwerden wurde der Bergkristall eingesetzt.
Im Mittelalter empfahl Hildegard von Bingen einer stillenden Mutter, zerriebenen Bergkristall mit Honig vermengt einzunehmen.
Die Form des Bergkristalls spielt bei seiner Heilwirkung eine große Rolle. Eine Pyramidenform mit spitzem Ende ist besonders wirksam, um gebündelt und zielgerichtet die positive Strahlung des Kristalls auf erkrankte Stellen richten zu können. Die Strahlung kann so am besten in den Körper eindringen und für

eine „innere Harmonie" sorgen.
Speziell beim Löwen soll der Bergkristall intuitive Fähigkeiten und Konzentrationsvermögen fördern. Es wird ihm auch nachgesagt, er verleihe den Angehörigen dieses Tierkreiszeichens die Fähigkeit, in die Zukunft zu blicken.
Heilwirkung: Gegen Hautkrankheiten. Wirkt blutstillend. Sehr positive Strahlung.
Astrologie: Löwe; Meditationsstein. Fördert Intuition.

Name:	Bergkristall
Gruppe:	Quarz-Gruppe
Farbe:	farblos, meist klar durchsichtig
Mohshärte:	7
Spez. Gewicht:	2,65
Kristallsystem:	trigonal
Kristallform:	sechsseitige Prismen
Chemie:	SiO_2 Siliciumdioxid
Bildungsbereich:	auf Klüften und in Drusenräumen, in Pegmatiten und hydrothermalen Gängen
Wichtige Vorkommen:	Brasilien (Minas Gerais), Alpen, Japan, Madagaskar, USA (Arkansas)

BERNSTEIN

Die Griechen gaben dem Bernstein den Namen „elektron", was möglicherweise von dem phönizischen Wort für Sonne abgeleitet ist und soviel wie „sonnengolden" bedeutet. Es war bekannt, daß Bernstein durch Reiben elektrisch wird, und das Wort „Elektrizität" ist vom griechischen „elektron" abgeleitet.
Der griechische Philosoph Theophrast beschrieb die elektrostatischen Eigenschaften dieses Steins in seinem Steinbuch. Diese Qualitäten des Bernsteins wurden in der Heilkunde so interpretiert, daß er adstringierende Eigenschaften besitze. Arabische Ärzte verwendeten den Bernstein daher zum Stillen von Nasenbluten. Plinius erwähnt ihn als Mittel gegen Verrücktheit und empfiehlt ferner das Tragen von Bernstein in Form von Amuletten, um vor Halsschmerzen zu schützen. Als Räucherwerk wurde der Bernstein, niederdeutsch Brennstein, auch gegen Epilepsie angewendet; außerdem sollten durch ihn die „bösen Geister" vertrieben werden, wie Konrad von Megenberg im Mittelalter behauptete. Auch vor Asthma und Rheuma sollte der Stein seinen Träger bewahren sowie den Herzmuskel stärken.
Für den Zwilling ist der Bernstein eine „Sonne". Er soll ihm helfen, seine intuitiven Anlagen zu fördern und ihm ein Gespür für „wahre Freunde" geben.
Heilwirkung: Hilft bei Asthma und Rheuma. Stärkung des Herzmuskels.
Astrologie: Zwilling; Sonnenstein, d.h. er verschafft Zuversicht und Optimismus.

Name:	Bernstein
Gruppe:	–
Farbe:	hellgelb bis braun, rötlich, weiß, blau, grünlich
Mohshärte:	2 – 2,5
Spez. Gewicht:	1,08 ($\pm$ 0,02)
Kristallsystem:	amorph (besitzt kein Kristallgitter)
Kristallform:	meist knollig
Chemie:	etwa $C_{10}H_{16}O$ Gemisch verschiedener Harze
Bildungsbereich:	Bernstein ist ein fossiles Harz und vornehmlich im Tertiär (vor ca. 40 – 50 Millionen Jahren) entstanden und sedimentär verfestigt
Wichtige Vorkommen:	Ehem. Ostpreußen, Dominikanische Republik

BERYLL

Schon in Mesopotamien schätzte man diesen Stein sehr, der von dort aus in das alte Israel gelangte. Hier entwickelte sich auch die mythische Einordnung des Berylls, der von den alten Juden als magischer Stein verehrt wurde. Daher verwundert es nicht, wenn er „in der achten Stelle der Grundsteine der Mauern des neuen Jerusalems" genannt wird. (Der aufrichtige Jubelier, 1729)
In der mittelalterlichen Heilkunde spielte der Beryll eine bedeutende Rolle, nicht zuletzt im geschliffenen Zustand als Brille, deren Name von dem Wort „beryll" abgeleitet ist.
Konrad von Megenberg schrieb im Mittelalter über die Heilwirkung des Steins: „Es heißt, der Stein helfe gegen die Halskrankheit, welche Angina genannt wird. Die Drüsen, die durch böse Säfte am Halse hervorgerufen werden, vertreibt er, wenn man sie mit dem Steine reibt, besonders im Anfangsstadium ihrer Entwicklung. Er vermag auch die Liebe zwischen Eheleuten wieder zu erwecken und verleiht dem, der ihn trägt, hohes Ansehen."
Dem grünen Beryll wird nachgesagt, er heile Augenkrankheiten, und auch Leberleiden soll er vielfach kuriert haben.
In der Astrologie gilt der Beryll als der „unermüdliche Warner" und soll die positiven Eigenschaften des Merkur verstärken. Es wird empfohlen, ihn als „Beschützer" auf weiten Reisen zu tragen. Für den Zwilling ist der Beryll besonders geeignet, da er für einen intakten Freundeskreis sorgen soll. Nur der geistig sehr wachsame Zwilling soll zudem in der Lage sein, durch den Beryll bestimmte Warnungen zu empfangen.
Heilwirkung: Gegen Augenkrankheiten und Leberleiden. Hilft auch bei geistiger und körperlicher Erschöpfung.

Astrologie: Zwilling; unermüdlicher Warner. Stein der Freude.

Name:	Beryll
Gruppe:	Beryll-Gruppe
Farbe:	farblos, goldgelb, gelbgrün
Mohshärte:	7,5 – 8
Spez. Gewicht:	2,65 – 2,75
Kristallsystem:	hexagonal
Kristallform:	sechsseitige Prismen, langsäulig
Chemie:	$Al_2Be_3 [Si_6O_{18}]$ Aluminium-Beryllium-Silicat
Bildungsbereich:	in Pegmatiten und deren Umgebung. In Biotitschiefern und in pneumatolytischen hydrothermalen Gängen
Wichtige Vorkommen:	Brasilien, Madagaskar, Pakistan, UdSSR

CHALCEDON

Der Chalcedon war im Altertum besonders beliebt als Material für Gemmen. Für die Tibetaner verkörperte er ein Sinnbild der Lotusblume, rein und durchscheinend. Es wurde ihm nachgesagt, er ziehe die Aufmerksamkeit seines Trägers nach innen und schütze vor Hypnose.
Man trug den Chalcedon schon vor Jahrtausenden als Talismann gegen Schwächezustände, Schwermut und Unzufriedenheit. Er sollte die Körperkraft erhalten oder stabilisieren und Melancholie vertreiben.
Im Mittelalter wurde er sehr oft als Heilstein verwendet. Hildegard von Bingen glaubte, daß er bei Sonnenuntergang entstehe, wenn die Luft noch etwas warm ist. Ihrer Ansicht nach schütze der Chalcedon vor Zorn und verleihe einen „ruhigen, verträglichen Sinn". Ferner

hieß es, wer ihn anhauche und ihn mit der Zunge berühre, werde beredsam. Zuweilen wird der Stein auch als Heilmittel gegen Gallenbeschwerden und Gicht erwähnt.

Es wird auch häufiger die Ansicht vertreten, der Chalcedon mache seinen Träger siegreich im Krieg und schütze ihn vor starkem Fieber.

Der Chalcedon, der heute umfassender Begriff für mikrokristalline feinstfaserige Quarze verschiedenster Farben ist, soll besonders dem Krebs Glück bringen; es wird gesagt, er verstärke dessen Emotionen und fördere seine Intuition.

Heilwirkung: Gegen Fieber und eitrige Wunden.

Astrologie: Krebs; Glücksstein. Emotionsverstärker. Schütze; gibt Schutz bei Reisen.

Name: Chalcedon

Gruppe: Quarz-Gruppe

Farbe: blau, bläulich, weiß-grau

Mohshärte: 7

Spez. Gewicht: 2,58 – 2,64

Kristallsystem: trigonal

Kristallform: faserige Aggregate

Chemie: SiO_2 Siliciumdioxid

Bildungsbereich: wird aus wässrigen heißen Lösungen ausgeschieden, tritt mit Sedimentgesteinen auf und kommt als Knollen, Spaltenausfüllungen und in Klüften vor

Wichtige Vorkommen: Brasilien, Uruguay, Indien, Madagaskar, USA, Südwestafrika

CHRYSOBERYLL

Den Namen Chrysoberyll benutzte Plinius für den gelben Beryll, den Goldberyll,

abgeleitet vom griechischen „chrysos" = Gold. Der deutsche Geologe A. G. Werner (1750 – 1817) erkannte bei seinen Analysen dagegen, daß es sich hier um ein neues Mineral handelte, das kein Beryll war, sondern nur mit ihm verwandt. Durch seine goldene Farbe wurde der Chrysoberyll mit Reichtum in Verbindung gebracht. Wenn er einen grünlichen Ton annahm, wurde er als Heilmittel für Augenkrankheiten angesehen. Ferner hieß es vielfach, er könne seinen Träger von Asthmabeschwerden befreien. Dem Löwen soll der Chrysoberyll Zuversicht und Optimismus verleihen.

Heilwirkung: Gegen Asthma und Augenkrankheiten.

Astrologie: Löwe; verleiht Zuversicht und Optimismus.

Name: Chrysoberyll

Gruppe: Chrysoberyll-Gruppe

Farbe: hellgelb, goldgelb, gelb, gelbgrün, bräunlich, grünbraun

Mohshärte: 8,5

Spez. Gewicht: 3,70 – 3,72

Kristallsystem: prismatische Säulen, Durchwachsungsdrillinge

Kristallform: rhombisch

Chemie: $Al_2(BeO_4)$ Beryllium-Aluminat

Bildungsbereich: in Graniten, Pegmatiten und Glimmerschiefern und auf Seifen

Wichtige Vorkommen: Sri Lanka, Brasilien, Rhodesien, Madagaskar, UdSSR (Ural)

CHRYSOPRAS

Der griechische Name dieses Steins bedeutet „Goldlauch". In der Antike wird der Chrysopras denn auch als grüner Stein mit einer Tendenz zur Goldfarbe beschrieben, im Mittelalter als grün mit goldenen Tropfen. Er sollte den Ägyptern mit einem heilkräftigen Zauber „gegen die schwärzliche Aspis" helfen, wie die „Orphische Lithiká" besagte. Psellus behauptete, er verschaffe seinem Träger eine bessere Sehkraft und lindere Magenschmerzen und Schwellungen, wenn man ihn am Handgelenk trüge.

Hildegard von Bingen meinte, der Chrysopras entstehe nach Sonnenuntergang und habe nächtliche Kraft, vor allem bei Halbmond, wenn der Mond von der Sonne die meiste Kraft erhalte. Es hieß, er wirke gegen Gicht und besänftige Zorn und Erregung.

Die wichtigste Fundstelle des Chrysopras lag bei Frankenstein in Schlesien und lieferte im 14. Jahrhundert das Material für Dekorationen der bekannten Kapelle des Heiligen Wenzel in Prag.

Dem Chrysopras wird nachgesagt, er wirke beruhigend und verhelfe seinem Besitzer zu einem stabilen Kreislauf; ferner sei er günstig bei Drüsenerkrankungen und helfe bei Blutungen und Entbindungen.

Dem Krebs soll dieser Stein Unbewußtes bewußt machen und so seine Sinne schärfen.

Heilwirkung: Stabilisiert den Kreislauf und beruhigt die Nerven. Auch gegen Drüsenerkrankungen.

Astrologie: Krebs; macht Unbewußtes bewußt. Schärfung der Sinne. Steinbock; verleiht Spontaneität.

Name: Chrysopras	
Gruppe: Quarz-Gruppe	
Farbe: weißgrün, apfelgrün	
Mohshärte: 6,5 - 7	
Spez. Gewicht: 2,6	
Kristallsystem: trigonal	
Kristallform: mikrokristalline Aggregate	
Chemie: SiO_2 Siliciumdioxid	
Bildungsbereich: aus Verwitterungslagerstätten, als Knollen und Spaltenausfüllungen	
Wichtige Vorkommen: Australien (Queensland), Brasilien, Indien, Polen (Oberschlesien)	

CITRIN

Der Name kommt aus dem Mittellateinischen und bedeutet soviel wie „zitronenfarbig", – Citrine sind denn auch gelbgetönte Steine, früher auch häufig als „Hyazinth" bezeichnet. Echter Citrin ist selten. Die meisten der heute im Handel erhältlichen Citrine sind allerdings durch Erhitzung „umgefärbte" Rauchquarze oder auch Amethyste, die dann rötlichbraune Farbtöne zeigen. Dieser Stein wird im Handel u.a. auch als Madeira- oder Goldtopas verkauft.

Heilkunde: Soll hautreinigend und aufmunternd wirken; heilt Diabetes und Erkrankungen innerer Drüsen.

Astrologie: Verleiht dem Zwilling Optimismus. Der goldgelbe Citrin gilt auch als Glücksstein des Löwen und der Jungfrau bei beruflichen Vorhaben.

Name: Citrin	
Gruppe: Quarz-Gruppe	
Farbe: zitronengelb bis goldbraun (künstliche Citrinfärbungen durch Brennen von Amethyst)	
Mohshärte: 7	
Spez. Gewicht: 2,65	
Kristallsystem: trigonal	
Kristallform: sechsseitige Prismen mit Pyramiden	

Chemie: SiO$_2$ Siliciumdioxid

Bildungsbereich: in Graniten und Pegmatiten

Wichtige Vorkommen: Brasilien, Madagaskar, Frankreich, UdSSR, Spanien

DIAMANT

Dank seiner enormen Härte (10), der hohen Lichtbrechung und dem Farbstreuungsvermögen gilt der Diamant als „König der Edelsteine", und Plinius sagte über ihn, er sei „das wertvollste unter allen menschlichen Gütern … und lange nur Königen und zwar wenigen bekannt".

Im Altertum wurde er durch den Karawanenhandel aus Indien nach Europa gebracht. „Bruchstück der Ewigkeit" nennen ihn noch heute die Inder. Die meisten Legenden spinnen sich um die indischen Diamanten, die eine oft unglaubliche Transparenz besitzen, so der berühmte „Großmogul" und der „Nizam". Bis ins späte Mittelalter verstand man es nur, die natürlichen Kristallflächen zu polieren. Erst der Brillantschliff, von Louis van Berquen 1456 erfunden, brachte die optischen Qualitäten des Diamanten zur vollen Geltung.

Die antike Auffassung, der Diamant sei „durch Bocksblut zu brechen", wurde im Mittelalter erstaunlicherweise übernommen, da solche Angaben noch nicht empirisch überprüft worden waren. Durch seine Transparenz und Reinheit wurde der Diamant religiös interpretiert, indem man ihn mit dem „göttlichen Glanz auf Erden" in Verbindung brachte. Aufgrund seiner hochgeschätzten Qualitäten ist der Diamant oft in der Lithotherapie und magischen Medizin verwendet worden. Diamantenpulver diente jahrhundertelang, zumindest für diejenigen, die es sich leisten konnten, gegen verschiedene Krankheiten, insbesondere im Magen-Darm-Bereich. Ein bekannter Fall war Papst Clemens VII.; er soll angeblich pulverisierte Diamanten im Wert von 40.000 Dukaten zu sich genommen haben, um sein Magenleiden zu kurieren.

In der Astrologie wird der Diamant als Glücksstein ersten Ranges eingestuft. Er soll Lebensenergie und Willenskraft stärken. Wer über solche Eigenschaften verfügt wie der Löwe, dessen Tierkreiszeichenstein der Diamant ist, sollte vorsichtig sein, da dieser Edelstein ihn angeblich zu unbedachten und übereilten Entschlüssen verführen kann.

Für die Angehörigen dieses Tierkreiszeichens ist der Diamant z.B. auch deswegen wichtig, da er ihnen helfen soll, ihr „ehrgeiziges Geltungsbedürfnis" in angemessener Form auszuleben. So soll der Diamant dem Löwen die Möglichkeit geben, Schwachen und Hilflosen beizustehen; außerdem verleiht er ihm große Widerstandskraft und warnt ihn vor unaufrichtigen Menschen.

Für die Jungfrau empfiehlt die Astrologie die gelben Diamanten. Der oft analytische Intellekt der Jungfrauen soll durch den Diamanten eine „emotionale Dimension" erhalten. Im allgemeinen wird behauptet, er verstärke bei der Jungfrau eine lebensbejahende Einstellung.

Heilwirkung: Gegen Epilepsie, Drüsenerkrankungen und Fieber.

Astrologie: Löwe; Glücksstein. Verstärkt das Mitgefühl. Jungfrau; verstärkt Lebensbejahung.

Name: Diamant (wird in geschliffener Form Brillant genannt)

Gruppe: –

Farbe: farblos, gelblich, gelb, braun, grünlich, bläulich, rötlich und schwarz

Mohshärte: 10

Spez. Gewicht: 3,47 – 3,55

Kristallsystem: kubisch

Kristallform: meist Oktaeder und Würfel

Chemie: C kristallisierter Kohlenstoff

Bildungsbereich: in vulkanischen Durchbruchsröhren, sogenannten „Pipes", die vom diamantführenden Muttergestein (Kimberlit) ausgefüllt sind. Entstanden bei ca. 1100 – 1300°C unter hohem Druck

Wichtige Vorkommen: in primären und sekundären Lagerstätten Afrikas, Indiens, Brasiliens und Sibiriens

FALKENAUGE

(♦ Tigerauge bzgl. Geschichte, Heilwirkung und Astrologie)

Name: Falkenauge

Gruppe: Quarz-Gruppe

Farbe: dunkles blaugrau bis blaugrün

Mohshärte: 7

Spez. Gewicht: 2,65

Kristallsystem: trigonal

Kristallform: faserige Aggregate

Chemie: SiO_2 Siliciumdioxid

Bildungsbereich: Quarzaggregat mit eingelagerten Fasern der blaugrünen Hornblende Krokydolith

Wichtige Vorkommen: Südafrika, USA (Kalifornien)

FEUEROPAL

(♦ Opal bzgl. Geschichte, Heilwirkung und Astrologie)

Name: Feueropal

Gruppe: Quarz-Gruppe

Farbe: feuerrot, orange, bernsteinfarben, nicht opalisierend

Mohshärte: 5,5 – 6,5

Spez. Gewicht: 2 (± 0,08)

Kristallsystem: amorph

Kristallform: niedrig, traubige Aggregate

Chemie: $SiO_2 \cdot nH_2O$ wasserhaltiges Siliciumdioxid

Bildungsbereich: in Spalten und Hohlräumen von vulkanischem Gestein, auch als Sinterausscheidungen aus heißen Quellen sowie in Sedimenten

Wichtige Vorkommen: Mexiko, Brasilien, Kleinasien

GRANAT

„Edler Granat ... Der frische Tag. Die Frische des Lebens und Morgens sprengte brennenden Morgentau über alle Felder der Zukunft."
(Jean Paul)
Der Granat, heiliger Stein des Buddhismus, wurde vom römischen Geschichtsschreiber als „carbunculus almandius" bezeichnet, den wir heute als Almandin kennen. Der Granat taucht in der Kulturgeschichte regelmäßig auf, und so wird z.B. im jüdischen Talmud erzählt, Noahs Arche sei von einem einzigen großen Granat erleuchtet gewesen.
In Indien wird der Granat aufgrund seiner Farbe mit dem „Kundalini-Feuer", also nach Anschauung der Inder mit dem Urfeuer der Verwandlung, verglichen und genießt eine hohe religiöse Bedeutung. Seit den ersten Erwähnungen in der Geschichte wurde der Granat immer als Schutzstein angesehen. Als Amulett gab man ihn Freunden mit auf die Reise. Da der Stein im Mittelalter den Ruf besaß, er sei der magische Karfunkelstein, nahmen ihn Ritter mit auf die Kreuzzüge, um so unverwundbar zu

werden. Ein berühmter Granat, der unter dem Namen „der Weise" bekannt ist, schmückte die alte Kaiserkrone des deutschen Kaisers Otto.

Der Name Granat stammt von dem lateinischen Wort „granatus", d.h. gekörnt, ab. Denkbar ist es auch, den Ursprung des Namens in der Blüte und Frucht des Granatbaumes zu sehen, dessen Blüten an die Farbe des Granats erinnern. Wie so oft in der Edelsteintherapie ist durch die Farbe des Steins auch die jeweilige Indikation bestimmt. So wurde der Granat jahrhundertelang für Blut-Kreislauf-Indikationen angewendet. „Granat macht frisch Gebluet", meinte ein Arzt im 16. Jahrhundert und fuhr fort „ . . . er freut das Herz und gibt Zuversicht". Im 18. Jahrhundert, in dem man den Granat zu den fünf medizinischen Steinen zählte, war der Stein allgemein in der Medizin bekannt. So heißt es in Zedlers Realenzyklopädie: „Die Granaten sollen die Kraft haben, das Hertz zu stärken, das Hertzpochen steuern, die Melancholie zu vertreiben und dem Gifte zu widerstehen. Dahero dienen sie Blutstürzung und den Durch-Fall zu versetzen, sie werden auf einem Steine ganz subtil gerieben id von 10 Gran biß auf ein Scrupel gegeben. Einige machen auch eine Tinktur davon, welche gegen die rothe Ruhr gerühmet wird."

Zusätzlich gilt noch heute der Granat in der Lithotherapie als Energiespender im sexuellen Bereich.

Kein Edelstein, außer der Edelkoralle, übertrifft den Granat in seiner angeblichen Unheil abwehrenden, d.h. apotropäischen Wirkung. Im Volksglauben spielt bis heute noch seine Rotkomponente in dieser Hinsicht eine große Rolle.

In der Astrologie soll der Granat speziell dem Widder zusätzliches Selbstvertrauen schenken. Außerdem soll er die „Glut der Freundschaft" erhalten.

Heilwirkung: Gegen Kreislaufbeschwerden. Lindert Schmerzen.
Astrologie: Widder; Stärkung des Selbstvertrauens.

Zur Granat-Gruppe gehören u. a. folgende Steine:

Name: Almandin

Gruppe: Granat-Gruppe

Farbe: rot mit Stich ins Violette

Mohshärte: 7,5

Spez. Gewicht: 4,05 ($\pm$ 0,12)

Kristallsystem: kubisch

Kristallform: isometrisch

Chemie: $Fe_3Al_2[SiO_4]_3$ Eisen-Aluminium-Silicat

Bildungsbereich: in regionalmetamorphen Gesteinen wie Gneisen und Glimmerschiefern

Wichtige Vorkommen: Sri Lanka, Brasilien, Indien, Schweden, Alaska, Afghanistan, Madagaskar

Name: Pyrop

Gruppe: Granat-Gruppe

Farbe: rot mit Stich ins Bläuliche, schwarzrot

Mohshärte: 7 - 7,5

Spez. Gewicht: 3,7 - 3,8

Kristallsystem: kubisch

Kristallform: isometrisch

Chemie: $Mg_3Al_2[SiO_4]_3$ Magnesium-Aluminium-Silicat

Bildungsbereich: stammt aus Ultrabasiten und Serpentinen

Wichtige Vorkommen: CSSR, Südafrika, Australien, Sri Lanka

Name: Spessartin

Gruppe: Granat-Gruppe

Farbe: orange bis rotbraun

Mohshärte: 7 – 7,5

Spez. Gewicht: 4,12 – 4,20

Kristallsystem: kubisch

Kristallform: isometrisch

Chemie: $Mn_3Al_2[SiO_4]_3$ Mangan-Aluminium-Silicat

Bildungsbereich: in Graniten und Pegmatiten, dazu in metamorphen Gesteinen

Wichtige Vorkommen: Madagaskar, Sri Lanka, Kanada, USA, Brasilien, UdSSR

HÄMATIT

Schon die alten Ägypter gaben ihren Toten Amulette mit ins Grab, die aus Hämatit gefertigt waren, wobei das Amulett unter den Kopf des Toten gelegt wurde, um ihm so den Gang ins Jenseits zu erleichtern. Innerhalb der „magischen Rüstung" Tut-ench-Amuns fand man Hämatit-Amulette.

Die sogenannten „Orphischen Lithiken", die bedeutendsten Steinbücher der Antike, erklärten dem damaligen Leser die Entstehung von Hämatit auf folgende Weise: „Als einst der gestirnte Uranus, von Kronos blutigen Händen zerfleischt, seine mächtige Brust über die Erde hinbeugte, da rannen Tropfen des göttlichen Blutes auf die schollige Erde hinab und erstarrten in der Sonne Glut; kein Wunder also, daß diesem geronnenen Blute so große Heilkräfte gegen Augenleiden innewohnen, damit der Anblick des lieblichen Himmels dem Antlitz der Sterblichen nicht entzogen werde."

Nicht nur Augenleiden sollten durch den Hämatit gelindert werden, sondern dem Stein wurde sehr früh eine blutstillende Wirkung zugeschrieben.

Auch die magische Wirkung des Hämatits findet in der Geschichte immer wieder Erwähnung. Im Orient wurde ihm nachgesagt, er könne schöne Mädchen vor den Wirkungen des „bösen Blicks" schützen. Der weise Zacharias von Babylon beschreibt den Hämatit als Glücksbringer, der seinen Besitzer jeden Prozeß gewinnen läßt.

Astrologisch betrachtet wurde der Hämatit schon im Orient dem Mars und daher dem Skorpion zugeordnet. Er soll den Skorpion in Träumen vor kommenden Gefahren warnen.

Heilwirkung: Blutstillende Wirkung. Gegen Augenleiden.

Astrologie: Skorpion; warnt in Träumen vor kommenden Gefahren.

Name: Hämatit (Synonym: Eisenglanz, Blutstein)

Gruppe: –

Farbe: schwarzgrau, braunrot

Mohshärte: 5,5 – 6,5

Spez. Gewicht: 5,2

Kristallsystem: trigonal

Kristallform: faserig oder blättrig

Chemie: Fe_2O_3 Eisen (III)-Oxid

Bildungsbereich: als Begleitmineral in eruptivem Gestein, häufig in Laven, in Pegmatiten und auf hydrothermalen Gängen

Wichtige Vorkommen: USA, Kanada, Schweiz, Italien, Großbritannien

INDIGOLITH (→ *Turmalin bzgl. Geschichte, Heilwirkung und Astrologie)*

Name: Indigolith

Gruppe: Turmalin-Gruppe

Farbe: alle Blautöne

Mohshärte: 7 - 7,5

Spez. Gewicht: 3,06 (± 0,05)

Kristallsystem: trigonal

Kristallform: meist langgestreckte Prismen

Chemie: (Na, Li, Ca) Fe", Mg, Mn, Al)$_3$ Al$_6$[(OH)$_4$/(BO$_3$)$_3$/Si$_6$O$_{18}$]

Bildungsbereich: in Pegmatiten

Wichtige Vorkommen: Brasilien, Madagaskar, Südwestafrika

JASPIS

Schon Jahrhunderte vor Christus zählte der Jaspis in den damaligen Hochkulturen zu den kostbarsten Edelsteinen. In der magischen Steinschneidekunst der Ägypter, der sogenannten Glyptik, spielte er eine bedeutende Rolle; auch bei den Griechen und Römern wurde er sehr beliebt als Amulett- und Siegelstein, denn der antike Volksglaube besagte, daß er Regen herbeizaubere und Dämonen und wilde Tiere vertreibe. Er sollte sogar Volksrednern zu Erfolg und Macht verhelfen.

Auch bei den alten Juden stand der Jaspis in hohem Ansehen: „... unter den Steinen des Amtsschildes Aarons hat er die letzte und unter den Grundsteinen des Neuen Jerusalems die erste Stelle." Konrad von Megenberg erwähnt den Jaspis als einen grünen Stein, der zu den zwölf Steinen gehörte, „die die Auserwählten genannt werden und welche Johannes sah. Die grüne Farbe ist mit rothen Pünktchen durchsetzt ... Trägt ihn ein keuscher Mensch, so bleibt er vom Fieber und der Wassersucht verschont. Er hilft ferner den Frauen während der Geburt und macht, wenn er mit dem Steinsegen gesegnet ist, seinen Träger sicher und angenehm, vertreibt auch die bösen Gesichte im Schlaf ..."

In der Lithotherapie hatte vor allem der Heliotrop unter den Jaspisarten Bedeutung. 1583 schrieb Leonhard Thurneysser in seinem „Onomasticum" (mittelalterliches Wörterbuch) dem Jaspis eine gute Wirkung gegen die „Fallsucht" (Epilepsie) zu. Außerdem sagte man ihm die Fähigkeit nach, er könne Blut stillen und Wunden schließen.

Der Jaspis soll die Orientierung im geistigen Leben des Widders gewährleisten. Aber auch in geschäftlichen Belangen soll er seinem Träger Glück bringen.

Heilwirkung: Bei Epilepsie und Blasenbeschwerden. Wirkt blutstillend.

Astrologie: Widder; Glücksstein.

Jungfrau; Glücksstein.

Name: Jaspis

Gruppe: Quarz-Gruppe

Farbe: viele Farbtöne, meist streifig oder gefleckt, rot, braun, gelb, grün

Mohshärte: 6,5 - 7

Spez. Gewicht: 2,5 - 2,8

Kristallsystem: trigonal

Kristallform: mikrokristalline, körnige Aggregate

Chemie: SiO$_2$ Siliciumdioxid

Bildungsbereich: Ausscheidungen aus Verwitterungslösungen oder Hydrothermalenlösungen, die Ausfüllungen von Klüften und Hohlräumen in verschiedensten Gesteinen bilden

Wichtige Vorkommen: Indien, UdSSR, Frankreich, Bundesrepublik Deutschland, Ägypten, USA

KARNEOL

„Talisman in Karneol,
Gläubigen bringt er Glück und Wohl."
(Goethe)
Der Karneol ist einer der ältesten Schmucksteine. Schon die ägyptischen

Pharaonen schmückten sich gern mit diesem Stein, und in ihren Gräbern fand man Karneol-Amulette in den „magischen Rüstungen", die den Toten im Jenseits beschützen sollten. Das Ägyptische Totenbuch ist ein gutes Beispiel dafür, welch hohen Stellenwert dieser Stein in dieser Kultur einnahm. Auch in der Antike wurde er als Schmuckstein und als magischer Stein verehrt.

Karneol ist roter Chalcedon. Seine Farbe kann von gelblich-rot bis rotbraun variieren. Es ist angenommen worden, daß der Name vom lateinischen „carnis" (Fleisch) abgeleitet wurde, was soviel wie „fleischroter Stein" bedeutet hätte. Wahrscheinlicher ist jedoch, daß der Name von der Kornelkirsche abgeleitet werden muß, die auch „corneolus" genannt wurde.

Aufgrund seiner Farbe erhielt der Karneol bei der Erkrankung des Kreislaufes einen bevorzugten Platz. Auch zum Blutstillen wurde er im Mittelalter regelmäßig verwendet. Hildegard von Bingen schrieb über den Karneol: „Karneol ist mehr von warmer als von kalter Luft und wird im Sande gefunden. Und wenn jemandem Blut aus der Nase fließt, erwärme Wein und lege dann Karneol hinein, so gib es ihm zu trinken, und das Blut wird aufhören zu fliessen."

Außerdem soll der Karneol in der Lithotherapie auch gegen Rheumatismus helfen.

Astrologisch betrachtet soll der Karneol der „Stein der Erneuerung" sein, wobei dies besonders für den Stier gelte.

Heilwirkung: Gegen Rheumatismus und Kreislauferkrankungen (speziell bei Bluthochdruck). Auch gegen Schlaflosigkeit.
Astrologie: Stier; Stein der Erneuerung. Widder; verstärkt Willenskraft.

Name:	Karneol
Gruppe:	Quarz-Gruppe
Farbe:	fleisch- bis braunrot, blutrot bis gelblich
Mohshärte:	6,5 – 7
Spez. Gewicht:	2,6 (± 0,05)
Kristallsystem:	trigonal
Kristallform:	faserige Aggregate
Chemie:	SiO_2 Siliciumdioxid
Bildungsbereich:	in Vulkaniten
Wichtige Vorkommen:	Indien, Brasilien, Nordafrika, Sibirien, Japan

KORALLE

Schon im alten Ägypten gab man den Toten Korallen als magischen Schutz mit „auf die Reise". Ihre Blutfarbe verhalf ihr zu dem Ruf, auf dem Weg ins Jenseits Unheil abzuwehren. Auch in gallischrömischen Gräbern fanden sich durchlochte Korallenäste. Der frühe Steinzeitmensch hatte seine Abgeschiedenen mit roten Steinen, den Rötelsteinen, bedeckt. Ihre Form und Farbe verhalfen der Koralle, die in allen wärmeren Meeren zu finden ist, zu einem geheimnisvollen Ruf; sie wurde häufig als Amulett getragen. Nach der griechischen Mythologie sind Korallen, bei denen es sich in Wirklichkeit um Skelette von Polypenkolonien handelt, Blutspritzer, die im Meer versteinerten, als Perseus der Gorgo das Haupt abschlug. Diese Legende war Grund für den Einsatz der Koralle als Heilmittel - Blut wurde mit Leben, das Gorgonenhaupt mit dem „bösen Blick" in Verbindung gebracht. Man behängte häufig Kinder mit Korallenketten, um ihr Leben zu schützen und ihr Wachstum zu stärken. Zarathustra rühmte die Heilkraft der Koralle und vertrat die Ansicht, man habe sie so gern zu Schmuck verarbeitet, da sie gegen Krankheit und Zauber schütze. Der antike Korallenglaube hatte Einfluß auf das Abendland. Korallenamulette erfuhren in der Renaissance eine hohe Beliebtheit, vor allem in Italien. Oft findet sich auch Korallenschmuck auf Heiligenbildern, ein Umstand, der noch nicht endgültig geklärt worden ist; er deutet jedoch auf die „materia sacra" hin. Paracelsus betonte, die Koralle schütze vor jeglicher Zauberei, was sich auch ausdrückte durch ihre häufige Verwendung als Amulett und Talisman. König Ferdinand I. von Neapel (1479 – 1516) trug immer einen Korallenast bei sich, um gegen den „bösen Blick" gefeit zu sein.

Heilig ist die Koralle auch den Tibetanern sowie den nordamerikanischen Indianern.

In der Magie heißt es, die Koralle verwandele Leid in Freude und bewahre allgemein vor Schwermut und Hypochondrie; sie soll vor Feuer und Wasserknappheit schützen, Felder besonders fruchtbar machen und daher beim Säen pulverisiert mit ausgestreut werden. Als Talisman sagt man der Koralle besondere Bedeutung für Tänzerinnen nach; außerdem soll sie die Wahrheitsliebe fördern, vor Furcht und Versuchungen des Teufels schützen, Blitze abwehren und Gifte unwirksam machen (Paracelsus). Die stärksten magischen Kräfte hat und verleiht die rote Koralle. Auf Java stellte man über zweitausend Jahre „Akabar"-Armreifen her, die vor Gift schützen und Gicht heilen sollten. In der Heilkunde heißt es, die Koralle fördere die Verdauung, heile Wucherungen, Geschwüre und Augenleiden und mildere Taubheit, Knochenleiden und Gliederschmerzen, besonders bei Kindern. Durch Erblassen soll die Koralle die jeweilige Erkrankung ihres Trägers anzeigen.

In der Astrologie gilt die rote Koralle als glücksbringend für den Skorpion, da sie seine exzentrischen Neigungen mindern soll. Es heißt, der Skorpion könne mit ihrer Hilfe seine Herrschsucht abbauen und zu einem natürlichen Denken finden. *Heilwirkung: Gegen Knochenerkrankungen, Geschwüre und Koliken.*
Astrologie: Skorpion; Glücksstein.
Waage; schärft den Intellekt. Steinbock; (schwarze Koralle) verstärkt Kreativität.

Name: Koralle	
Gruppe: –	
Farbe: zartes Rosa bis dunkles Blutrot, weiß, schwarz, blau	
Mohshärte: 3 – 4	
Spez. Gewicht: 2,6 – 2,7 (schwarze Koralle 1,34 – 1,46)	
Kristallsystem: trigonal	
Kristallform: mikrokristallin	
Chemie: $CaCO_3$ Ca-Carbonat und organische Substanz	
Bildungsbereich: Korallen bilden Riffe, Atolle, Korallenbänke mit vielfach verzweigten Stöcken. Diese Kalkgerüste entstehen durch kleine Polypen, die in winzigen Höhlen wohnen und Kalksubstanz ausscheiden, welche zum Aufbau der Koralle führen.	
Wichtige Vorkommen: Küsten der westlichen Mittelmeerländer, Golf von Biscaya, Kanarische Inseln, Malayischer Archipel, nördliches Australien, Rotes Meer	

LABRADORIT

Ende des 18. Jahrhunderts wurde der Labradorit erstmals beschrieben. Er erhielt seinen Namen nach seiner Erstfundstelle, der kanadischen Halbinsel Labrador. Bekannt wurde dieser Stein durch sein unverwechselbares Farbspiel, welches zu dem Begriff „labradorisieren" führte. Einzelne dicht aneinander gelagerte Lamellen von Kalifeldspat erzeugen ein phantastisches Farbspiel, welches das ganze Spektrum umfassen kann. Die häufigsten vorherrschenden Farben sind Blau und Grün.

Heilwirkung: gegen Kreislaufbeschwerden und Rheumatismus.

Astrologie: Wassermann; fördert die Phantasie.

Name:	Labradorit
Gruppe:	Feldspat-Gruppe
Farbe:	rauchgrau, dunkelgrau bis grauschwarz, bläulich mit buntem Farbenspiel
Mohshärte:	6 - 6,5
Spez. Gewicht:	2,70 (± 0,05)
Kristallsystem:	triklin
Kristallform:	tafelig-prismatisch; meist derbe Aggregate
Chemie:	$Na[AlSi_3O_8]Ca[Al_2Si_2O_8]$ Natrium-Calcium-Aluminium-Silicat
Bildungsbereich:	kommt in basischen Magmatiten vor
Wichtige Vorkommen:	Finnland, UdSSR, USA, Kanada, Madagaskar, Australien

LAPISLAZULI

Der Lapislazuli, eine natürliche Ultramarinverbindung, gehört historisch zu den ersten Edelsteinen, die der Mensch zu Schmuckstücken verarbeitete. In den Königsgräbern der Stadt Ur am Euphrat fand man mesopotamische Ketten aus Lapislazuli sowie goldene Blumen, die mit diesem Stein ausgelegt waren. Seine älteste bekannte Fundstätte liegt im afghanischen Hindukusch-Gebirge. Auch in den süd- und mittelamerikanischen Hochkulturen besaß er eine wichtige Funktion, vor allem bei Kulthandlungen. Geschliffene Lapislazuli-Platten ähneln mit ihren Sprenkelungen von Pyritkörnern dem Sternenhimmel, was besonders im Orient dazu führte, daß man diesem Stein magische Eigenschaften nachsagte und ihn als heilig verehrte, da die Gestirne das menschliche Schicksal lenken sollten. Am Nilufer entstanden ganze Götzenbilder aus Lapislazuli, von denen man glaubte, daß die Götter in sie Einzug halten würden.

Lapislazuli, auch Lasurstein genannt, diente im alten Ägypten als Symbol der Schönheit; von einer Königstochter heißt es auf dem sogenannten Schabakastein: „Ihr Liebreiz ist wie der Liebreiz Anats / Ihre Schönheit ist wie die Schönheit Aschtarats / Ihr Haar wie Lasursteine schimmernd."

Auf seinem Feldzug in Ägypten trug Napoleon einen Lapislazuli-Skarabäus bei sich, den er einem Pharaonengrab entnommen hatte. Lapislazuli scheint überhaupt eine starke Anziehungskraft auf Fürsten ausgeübt zu haben; er war der Lieblingsstein von Louis XIV., dem französischen „Sonnenkönig", und von Kaiser Wilhelm I.

In der christlichen Kunst wurde der Lapislazuli aufgrund seiner „Tugenden" geschätzt. So verwendeten die Maler des Quattrocento ihn zum Schmuck ihrer Madonnen. Der römische Jesuitenorden besitzt eine „Weltkugel" von 60 Zentimetern Durchmesser aus Lapislazuli.

In der Heilkunde ist der Lapislazuli bekannt für seine gute Wirksamkeit gegen erhöhten Blutdruck, Depressionen und Kopfschmerzen. Er soll für erholsamen Schlaf sorgen, Krämpfen entgegenwirken und die Sehkraft stärken. Ferner fand er in der magischen Medizin als Mittel bei „viertägigem Fieber" und als Schutzstein für ängstliche Kinder Verwendung. In der Kosmetik soll er Lockenfülle garantieren.

Feueropal oder Sonnenopal (rechts). Lapislazuli oder Lasurstein (nächste Seite).

Die Astrologie kennt den Lapislazuli als Freundschaftsstein, der zwischenmenschliche Beziehungen und das eigene Selbstvertrauen seines Trägers fördert. Besonders die Schützen sollen durch ihn dazu angeregt werden, ihre geistigen Erkenntnisse und vielseitigen Ideen praktisch umzusetzen. Der Lasurstein ist bekannt als Förderer von Gemeinschaftssinn und Entscheidungsfreudigkeit.
Heilwirkung: Gegen Depressionen, Kopfschmerzen und Neuralgien. Krampflösend und gut als Beruhigungsmittel.
Astrologie: Schütze; Freundschaftsstein. Erleichtert Entscheidungen.

Name: Lapislazuli (ist ein Gestein aus Lasurit mit vorwiegend Calcit und Pyrit)
Gruppe: –
Farbe: hellblau, blau, blauviolett, oft mit Einschlüssen verschiedener Färbung [Calcit (weiß), Pyrit (metallisch gold glänzend)]
Mohshärte: 5 - 6
Spez. Gewicht: 2,75 (± 0,25)
Kristallsystem: kubisch
Kristallform: selten Kristalle, meist körnige Masse
Chemie: $Na_8[Al_6Si_6O_{24}]S_2$ schwefelhaltiges Natrium-Aluminium-Silicat
Bildungsbereich: Kontaktmineralgemenge, häufig mit dolomitisiertem Kalkstein
Wichtige Vorkommen: Afghanistan, UdSSR (Baikalsee), Chile, Birma

MALACHIT

Schon die alten Ägypter verwendeten den Malachit, den sie im 4. Jhdt. v. Chr. aus Minen zwischen Suez und Sinai

gewannen. Die sattgrüne Farbe und ausdrucksvolle Zeichnung machten ihn einerseits als Amulettstein begehrt, andererseits wurde er pulverisiert auch als Augenschminke benutzt – schon damals kannte man den „Lidschatten" – sowie für Heilsalben verwendet.
Allgemein soll der Stein wachstumsfördernd wirken, was dazu führte, daß er besonders oft von Kindern und schwangeren Frauen als Amulett getragen wurde. Im europäischen Alpengebiet gibt es seit dem 16. Jhdt. sogenannte mit Malachiten besetzte „Wehenkreuze" als Schwangerschafts- und Gebäramulette.
Heilwirkung: generell wachstumsfördernd und kräftigend; blutstillend und heilend; wirkt auch gegen Asthma, Gift, Parkinsonsche Krankheit, Multiple Sklerose und jegliche Art von Koliken. Soll auch bei Cholera-Erkrankungen helfen. Gut für die Augen.
Astrologie: Gilt als Glücksstein des Steinbocks, soll aber auch dem Wassermann Glück bringen.

Name: Malachit
Gruppe: –
Farbe: hell- bis dunkelgrün, meist gebändert
Mohshärte: 3,5 - 4
Spez. Gewicht: 4
Kristallsystem: monoklin
Kristallform: nadelige Kristalle oder faserige Aggregate
Chemie: $Cu_2[(OH)_2/CO_3]$ basisches Kupfer-Carbonat
Bildungsbereich: in der Oxidationszone von Kupfer-Lagerstätten
Wichtige Vorkommen: Zaire, UdSSR, Südwestafrika, USA, Australien

Onyx (links). Opale (vorhergehende Seite).

MONDSTEIN

Im Neuhochdeutschen ist der Name
dieses Steines bis zum Ende des 18. Jahrhunderts nur selten aufgetaucht, und
zwar als Übersetzung des griechisch-
lateinischen Selenitis. Plinius berichtet
über diesen Stein: „Selenitis leuchtet mit
weißem, ins Honigfarbene spielenden
Glanz. Er enthält das Bild des Mondes
und zeigt von Tag zu Tag dessen Zu- und
Abnahme." Der römische Historiker fügte
allerdings hinzu: „Wenn es wahr ist."
Bei der mittelalterlichen Überlieferung
wurde dem Stein noch einiges andere
„angedichtet", was noch dadurch verwir-
rend wurde, daß Verwechslungen mit
anderen Steinen auftraten. „Fallsüchtige"
Menschen sollten Getränke mit pulveri-
siertem Mondstein zu sich nehmen und
den Stein selbst als Amulett tragen.
Seit dem Ende des 18. Jahrhunderts
existiert durch die Weiterentwicklung der
Mineralogie eine klare Bestimmung des
Mondsteins, unter dem man heute
bestimmte Arten von weißem Feldspat
versteht, die in geschliffenem Zustand
einen milchig-weißen Lichtschein zeigen.
In fast allen Kulturen galt der Mondstein
als magischer Stein. Arabische Frauen
nähen ihn noch heute in ihre Kleider,
um sich großen Kindersegens zu ver-
gewissern. In Indien wird der Mondstein
als „Traumstein" aufgefaßt, der dem
Träger schöne Träume bringen soll.
In der Lithotherapie soll der Mondstein
bei Erkrankungen der Lymphdrüsen
heilend wirken und bei Frauen ein
hormonelles Gleichgewicht herstellen.
Astrologisch betrachtet verstärkt der
Mondstein die „lunaren Eigenschaften"
des Krebses und sorgt für innere Harmonie. Auch wird beim Krebs durch diesen
Stein die Traumtätigkeit angeregt. Der
blaue Mondstein vertieft bei den Fischen
deren „Ahnungsvermögen", da diese

Tierkreiszeichen astrologisch gesehen
medial veranlagt sind.
*Heilwirkung: Gegen Lymphdrüsener-
krankungen. Kann hormonelles Gleichgewicht bei Frauen erzeugen.*
*Astrologie: Krebs; verstärkt die lunaren
Eigenschaften und sorgt für innere
Harmonie. Fisch (blauer Mondstein);
bewirkt Ahnungsvermögen.*

Name: Mondstein

Gruppe: Feldspat-Gruppe

Farbe: blau, farblos, gelb, seidenweißer
bis bläulicher Schimmer

Mohshärte: 6 - 6,5

Spez. Gewicht: 2,5 - 2,6

Kristallsystem: monoklin

Kristallform: prismatisch

Chemie: $K[AlSi_3O_8]$ Kalium-Aluminium-
Silicat

Bildungsbereich: auf pegmatitischen
Gängen in Verwachsung mit Quarz

Wichtige Vorkommen: Sri Lanka, Südin-
dien, Brasilien, USA, Madagaskar

MOOSACHAT (✦ *Achat bzgl.*
Geschichte, Heilwirkung und Astrologie)

Name: Moosachat

Gruppe: Quarz-Gruppe

Farbe: farblos mit grünen und rötlich-
braunen Einlagerungen

Mohshärte: 6,5 - 7

Spez. Gewicht: 2,6

Kristallsystem: trigonal

Kristallform: mikrokristallin

Chemie: SiO_2 Siliciumdioxid

Bildungsbereich: Vorkommen als Spaltenausfüllung von Graniten und Pegmatiten

Wichtige Vorkommen:
West-Ostindien, USA, China

NEPHRIT

In fast allen neolithischen Kulturen wurde der Nephrit zur Herstellung von Waffen und Werkzeugen benutzt. Besonders ausgeprägt in ihrer Formvollendung waren dabei die Steinbeile der Maori, Polynesier sowie der Indianer der präkolumbianischen Kulturen Mittelamerikas, die die Nephrit-Beile zu kultischen Handlungen verwendeten. In späterer Zeit erhielten wiederentdeckte Werkzeuge und Waffen einen zeremoniellen Charakter. Besonders im alten China und in Ostasien besaß der Nephrit eine große magische Bedeutung. Obwohl Nephrit häufig vorkommt, ist der Stein immer noch hoch eingeschätzt worden und erhielt durch die Aufprägung bestimmter Symbole seine als glücksbringend und Unheil abwehrend eingestufte Wirkung. In der Antike wurde der Nephrit als Amulett in Form eines Herzens oder Götterbildes geschätzt. Dieses Amulett sollte besonders vor „Liebeszauber" schützen. Auch wurde dem Nephrit eine Heilwirkung bei Nierenleiden zugesprochen. Später gaben mittelalterliche Ärzte dem Stein einen eigenen Namen, der durch seine Heilwirkung bestimmt wurde: „lapis nephriticus", Stein für die Nieren, was bald zu Nephrit wurde, aus dem griechischen „nephros" = Niere. Es verwundert daher nicht, wenn heute noch nierenförmige Nephrite zur Milderung von Nierenkoliken getragen werden. Außerdem soll der Nephrit die Sehkraft verbessern und gilt allgemein als „Stein des langen Lebens", was auf eine alte chinesische Ansicht zurückgeht. Noch heute werden in China Nephrit-Amulette in Form von Störchen getragen. Astrologisch wird dem Nephrit Glück, Erfolg und Ansehen zugesprochen; dies gilt besonders für den Krebs, der diesen Stein als Hoffnungssymbol tragen sollte.
Heilwirkung: Gegen Nierenkoliken. Verbesserung der Sehkraft.
Astrologie: Krebs; Hoffnungssymbol.

Name: Nephrit

Gruppe: Aktinolith-Gruppe

Farbe: lauchgrün, grünlich grau, weiß, gelblich, oft fleckig

Mohshärte: 6 – 6,5

Spez. Gewicht: 2,95 (± 0,05)

Kristallsystem: monoklin

Kristallform: verfilztes feinfaseriges Aggregat

Chemie: $Ca_2(Mg,Fe)_5[Si_4O_{11}]_2(OH)_2$ bas. Calcium-Magnesium-Eisen-Silicat

Bildungsbereich: in Kontaktlagerstätten (zwischen Granit und Serpentingestein) bildet Nephrit lagen- oder nesterförmige Einlagerungen

Wichtige Vorkommen: China, UdSSR, Neuseeland, USA, Britisch-Kolumbien

ONYX

Der Onyx war ein wichtiger Schmuckstein der Antike. In Mesopotamien, vor allem aber auch bei den Griechen und Römern, galt er als der Stein für Augenamulette. Seine Kraft wurde angeblich noch verstärkt durch magische Inschriften, was auch durch viele entsprechende Funde aus verschiedensten Epochen gezeigt wird. Die Verehrung dieses Steines im Abendland beruht auf den bekannten Zitaten im Pentateuch.

Der geschliffene Onyx zeigt augenförmige Linien, die ihm den Ruf einbrachten, er sei ein wirksames Therapeutikum gegen jegliche Art von Augenkrankheiten. So erwähnte Konrad von Megenberg ihn 1349 in seinem „Buch der Natur" als Heilmittel gegen Krätze und „rauche Augen".

Auch zur Stärkung der allgemeinen Körperkraft wurde der Onyx verwendet. Heilprozesse sollten ebenfalls durch ihn beschleunigt werden, zum Beispiel, wenn man ihn pulverisiert auf eiternde Wunden aufbrachte. Herzschwäche und Kreislaufstörungen versuchte man ebenfalls mit Onyx zu mindern.

Der Onyx gilt als der Stein der Magie schlechthin. Im Mittelalter wurde sogar angenommen, er verleihe seinem Träger die Möglichkeit, sich unsichtbar zu machen. Außerdem war er als Meditationsstein bekannt.

In der Astrologie wird der Onyx dem Tierkreiszeichen des Steinbocks zugeordnet, dem er Zurückhaltung und Treue in der Liebe verleihen und ihn vor Gefahren schützen soll. Es wird ihm aber auch oft eine primär materielle Wirkung zugesprochen, so daß er überwiegend den Menschen Glück bringen soll, die vor allem materielle Interessen verfolgen. Das Ayurveda rät kreativen, mehr „geistigen" Charakteren vom Tragen des Onyx ab. Andere astrologische Schriften besagen, daß der Onyx, und zwar hauptsächlich der weiße, Seelenfrieden und innere Ruhe schenke; der schwarze verhelfe zu Ernsthaftigkeit und Gedankentiefe sowie zu einer Verbesserung der Selbstkontrolle.

Heilwirkung: Heilt eitrige Wunden. Gegen Kreislaufbeschwerden.
Astrologie: Steinbock; schützt vor Gefahren. Treue in der Liebe.

Name:	Onyx
Gruppe:	Quarz-Gruppe
Farbe:	schwarz, (schwarz-weiße Varietät des Chalcedon), schwarz-weiß gebändert, oft künstlich gefärbt, selten natürliche Farbe
Mohshärte:	7
Spez. Gewicht:	2,58 – 2,64
Kristallsystem:	trigonal
Kristallform:	faserige Aggregate
Chemie:	SiO_2 Siliciumdioxid
Bildungsbereich:	in ehemaligen Hohlräumen kieselsäurearmer Vulkangesteine
Wichtige Vorkommen:	Brasilien, Indien, Madagaskar

OPAL

Schon die Griechen schätzten den Opal, der seinen Namen ihrem Wort für „Stein" verdankt. Plinius verglich ihn mit anderen Edelsteinen und meinte, er besäße alle positiven Eigenschaften der anderen Steine zusammen: „Das zarte Feuer des Karfunkels, das glänzende Purpur des Amethyst, das prächtige Meergrün des Smaragds, das goldige Gelb des Topas, das tiefe Blau des Saphirs, so daß alle Farben in wunderschöner Vermischung zusammen glänzten."

Die alten Opale stammen aus Indien, wo die Entstehung des Steins in einer Legende geschildert wird. Die Götter Brahma, Wischnu und Schiva waren eifersüchtig in eine Göttin verliebt. Der Ewige war jedoch erzürnt und verwandelte die Schönheit in ein Nebelgebilde. Um sie im Nebel dennoch nicht ganz zu verlieren, verlieh ihr jeder der göttlichen Liebhaber eine Farbe: Brahma sein herrliches Blau, Wischnu den Glanz des Goldes und Schiva ein leuchtendes Rot. Doch das farbige Nebelgebilde wurde vom Wind zerzaust, bis es den Ewigen erbarmte. Er verwandelte es in einen Stein, den irisierenden Edelopal, der in sich die Farbenpracht aller Edelsteine vereinigt. In Indien gilt der Opal als der Glücksbringer schlechthin; im Orient als „Stein der Hoffnung", der die Tugenden aller anderen Edelsteine in sich birgt. – Durch einen weitverbreiteten Aberglauben, alles Irisierende bringe Unglück, wurde der Opal dagegen bei einigen Völkern auch lange Zeit als Unglücksstein angesehen.

In der Astrologie soll der Opal die positiven Eigenschaften des Krebses verstärken. Dem Widder wird der Feueropal empfohlen, da er dessen soziales Engagement fördern soll. Beim Skorpion soll der schwarze Edelopal Depressionen und Nachtängste vertreiben. Helle Opale gelten allgemein als beruhigend für Nerven und Gefühlsleben. – Opal und Boulderopal sind Glückssteine für die Fische.

Heilwirkung: Gegen Magen- und Darmerkrankungen.
Astrologie: Krebs; verstärkt positive Eigenschaften. Widder (Feueropal); gegen Depressionen. Skorpion (schwarzer Edelopal); Glücksstein. Fisch (Boulderopal); schützt bei Reisen.

Name: Opal	
Gruppe: Quarz-Gruppe	
Farbe: weiß, grau, blau, grün, rot, purpur, gelb, schwarz, teilweise opalisierend	
Mohshärte: 5,5 – 6,5	
Spez. Gewicht: 1,9 – 2,3	
Kristallsystem: amorph	
Kristallform: nierig, traubige Aggregate	
Chemie: $SiO_2 \cdot nH_2O$ wasserhaltiges Siliciumdioxid	
Bildungsbereich: Entstehung durch	

hydrothermale Verwitterung und Verkieselung. Kommt in Hohlräumen trachytischer Lavagesteine vor. In Pseudomorphosen und als Versteinerungsmittel

Wichtige Vorkommen: Südaustralien (von Coober Pedy kommen opalisierte Limonitknollen, die sogenannten Boulderopale), Mexiko, Ungarn (früher), Australien, Brasilien

PADPARADSCHA

Der Padparadscha, auch fälschlich Königstopas genannt, ist ein rotgelber Korund. Er wird auf Ceylon gefunden. Die Herkunft seines vielversprechenden Namens, der auf Singhalesisch Lotusblüte bedeutet, ist umstritten, sicher ist jedoch, daß sie asiatisch ist. Diesem kostbaren Stein werden viele wunderbare Eigenschaften nachgesagt; so soll er generell positive Charaktereigenschaften fördern, seinen Träger auf Reisen und vor falschen Freunden schützen und sogar Ahnungen der Zukunft verleihen. Ferner gilt er als Stein des Wohlstands und der Gedankenklarheit.

Heilwirkung: Bekannt als Mittel gegen Wahnsinn und Schlafstörungen; gegen Darmschmerzen und Ermattung.
Astrologie: Glücksstein des Stiers, dessen gute Charakterzüge er allgemein verstärken soll. Schutzstein.

Name: Padparadscha	
Gruppe: Korund-Gruppe	
Farbe: orange-gelb bis rötlich-gelb	
Mohshärte: 9	
Spez. Gewicht: 3,99 – 4,0	
Kristallsystem: trigonal	
Kristallform: oft tannenförmige Doppelpyramiden	
Chemie: Al_2O_3 Aluminiumoxid, Farbe	

durch Beimengung von Eisen und/oder Titan

Bildungsbereich: in Basalten, metamorphen Gesteinen und Pegmatiten; Abbau überwiegend aus Seifen

Wichtige Vorkommen: Sri Lanka

PERIDOT

Der Peridot, auch bekannt als Chrysolith oder Olivin, wurde schon im 2. Jahrtausend v.Chr. von den Ägytern als Schmuckstein verwendet. Man gewann ihn damals hauptsächlich auf einer Insel im Roten Meer, wo sich bis heute die wichtigste Fundstätte befindet. Von dort wurde er durch die Kreuzfahrer nach Europa gebracht und diente dann häufig auch als Schmuckstein für christliche Altäre. Später gelangten Peridote auch über Napoleons Armee nach Westeuropa. Interessant ist, daß der Stein in einigen Meteoriten gefunden wurde.
Lange Zeit hindurch hielt man den Peridot fälschlicherweise für einen Topas; tatsächlich waren verschiedene berühmte Topase (z.B. auf dem Brustschild von Moses) Peridote. Zur Zeit der Griechen und Römer, die diesen Stein ebenfalls für einen Topas hielten, galt er als einer der wertvollsten überhaupt.
Die Enstehung des Namens ist ungeklärt und durch den Bedeutungswandel schwierig festzustellen; verschiedene Theorien geben Deutungen für mögliche griechische, arabische oder auch persische Ursprünge.
Heilwirkung: Der Peridot gilt als „Beruhigungsmittel", soll die Sehkraft stärken und bei Verdauungsstörungen sowie Depressionen helfen.
Astrologie: Verleiht dem Zwilling Zuversicht und Optimismus. Gilt als Glücksstein der Waage, auch gesundheitlich.

Name: Peridot (Synonym: Chrysolith, Olivin)

Gruppe: –

Farbe: ölgrün, flaschengrün, gelbgrün bis moosgrün, braungrün

Mohshärte: 6,5 – 7

Spez. Gewicht: 3,40 (+ 0,08)

Kristallsystem: rhombisch

Kristallform: kurze gedrungene Prismen

Chemie: $(Mg, Fe)_2 SiO_4$ Magnesium-Eisen-Silicat

Bildungsbereich: als Gemengteil basischer Magmagesteine

Wichtige Vorkommen: Rotes Meer, Birma, Australien, Brasilien, USA (Arizona), ČSSR

PERLE

Die Perle gehört als Produkt der Perlmuschel an sich dem Tierreich an, wird aber seit ältester Zeit immer zu den Edelsteinen gerechnet, und auch wir wollen sie deshalb miteinbeziehen. Bereits in Ägypten, Indien und Persien waren Perlen beliebte Kostbarkeiten der Könige und Fürsten. Der Name stammt höchstwahrscheinlich aus dem Persischen, und die älteste bekannte deutsche Form ist „Berle", die so in Luthers Bibelübersetzung auftaucht: „Die Weisheit ist höher zu wägen denn Berlen." (Hiob 28, 18) Geschichte gemacht haben der legendäre Perlenschmuck der Königin von Saba und die Perlen im magischen Halsband Wischnus. Bekannt ist, daß Kleopatra ihre besonders geschätzten Gäste mit einem Willkommenstrunk begrüßte, der pulverisierte Perlen von hohem Wert enthielt. Auch im Mittelalter und der Renaissance war die Perle vornehmlich den Fürstenhöfen vorbehalten. Mehr als jedes andere Juwel hat die Perle besonders die Dichter inspiriert, die in ihr die Verkörperung aller weiblichen Schönheit entdeckten. Es verwundert nicht, daß die Perle der Göttin Venus geweiht war. In magischer Hinsicht wurden der Perle magnetische Kräfte zugeschrieben. Außerdem sollte sie vor kommendem Unheil warnen. So soll z.B. Marie Antoinette zehn Jahre vor ihrer Hinrichtung durch den Anblick ihrer Perlenkette eine Vision gehabt haben, in der sie ihr eigenes Schicksal vorausgesehen hatte.

In der Lithotherapie werden besonders rote Perlen eingesetzt, um die Sehkraft der Augen zu stärken und depressive Zustände zu mildern. In magischer Hinsicht sind der Perle allerlei Kräfte zugeschrieben worden; so soll sie starke magnetische Eigenschaften besitzen und vor kommendem Unheil warnen. Astrologisch gesehen soll besonders die helle Perle dem Krebs den Sinn für Ästhetik fördern. Die schwarze Perle wird dem Steinbock zugeordnet, der durch sie vor kommendem Unheil gewarnt werden soll.

Heilwirkung: Gegen Augenleiden und Depressionen.
Astrologie: Krebs (helle Perlen); fördert den Sinn für Ästhetik. Steinbock (schwarze Perlen); warnt vor Unheil.

Name: Perle	
Gruppe: –	
Farbe: rosa, silber-creme-goldfarbig, grün, blau, schwarz	
Mohshärte: 3 – 4	
Spez. Gewicht: 2,60 – 2,78	
Kristallsystem: –	
Kristallform: –	
Chemie: 84% – 92% Calcium-Carbonat, 4% – 13% organische Substanz, 3% – 4% Wasser	
Bildungsbereich: durch Eintritt von Fremdkörpern zwischen Muschelschale und Mantelhaut entsteht eine Abwehrreaktion, die den Fremdkörper durch die Anlagerung von Perlmutt abkapselt	
Wichtige Vorkommen: Persischer Golf, Golf von Mannar, Küsten Mittelamerikas und Nordaustraliens	

PYROP (✦ Granat)

ROSENQUARZ

Der Rosenquarz war schon im Mittelalter ein begehrter Schmuckstein, als man ihn im Böhmerwald abbaute. Er diente beispielsweise zur Verzierung der Wenzelskapelle in Prag, allerdings unter heute nicht mehr bekannten Namen. Seine blaß- bis dunkelrosa Farbe erinnert an Rosenblüten. Es wurde ihm nachgesagt, daß er dementsprechend die Lebensfreude erhöhen und Glück in der Liebe schenken könne. Aus seiner sinnlichen und „lebendigen" Farbe erklärt sich auch die ihm zugesprochene Heilwirkung, da der Analogiezauber rotgefärbte Steine (wie auch Granate, Rubine und Karneole) gegen Erkrankungen des Blutkreislaufs und des Herzens einsetzte. Der Rosenquarz, vor allem bei jungen Mädchen heute nach wie vor ein sehr beliebter Schmuckstein, wird inzwischen überwiegend im Ausland gewonnen, sowohl in Asien (Ceylon und Japan) als auch in Europa (Österreich und England) und den USA.

Heilwirkung: Erkrankungen des Blutes, Blutkreislaufs und des Herzens; Mittel gegen Gürtelrose und andere Wundrosen. Belebend und „erfrischend".

Astrologie: Der Rosenquarz ist dem Stier zugeordnet und soll besonders dessen Phantasie und Kunstgefühl sowie Liebesglück fördern.

Name: Rosenquarz

Gruppe: Quarz-Gruppe

Farbe: kräftig rosa, blaßrosa

Mohshärte: 7

Spez. Gewicht: 2,65

Kristallsystem: trigonal

Kristallform: meist derb, selten sechsseitige Prismen

Chemie: SiO_2 Siliciumdioxid

Bildungsbereich: in Pegmatiten

Wichtige Vorkommen: Brasilien, Madagaskar, Bayern (Zwiesel), USA, Südwestafrika

RUBELLIT (➤ *Turmalin bzgl. Geschichte, Heilwirkung und Astrologie)*

Name: Rubellit

Gruppe: Turmalin-Gruppe

Farbe: rosa bis rot, gelegentlich mit einem Stich ins Violette

Mohshärte: 7 - 7,5

Spez. Gewicht: 3,06 (± 0,05)

Kristallsystem: trigonal

Kristallform: meist langgestreckte Prismen

Chemie: $(Na, Li, Ca) Fe'', Mg, Mn, Al)_3Al_6[(OH)_4/(BO_3)_3/Si_6O_{18}]$

Bildungsbereich: in Pegmatiten

Wichtige Vorkommen: Brasilien, Mozambique, Madagaskar

RUBIN

Die Korunde, kristallisierte Aluminiumoxide, gelten wegen ihrer bunten Vielfalt als die „Blumen im Edelsteinreich". Aristoteles sagt über sie: „Einer ist rot wie das reinste Blut und heißt Rubinus. Dieser ist der beste von allen." Der vielbesungene Stein wurde in der Geschichte fürstlich verehrt. Entdeckte man im Orient ein besonders prächtiges Exemplar, dann schickte der Herrscher hohe Würdenträger und Soldaten, um dem Juwel einen gebührenden Staatsempfang zu bereiten. Besonders im Orient wurde diesem „Blutstropfen aus dem Herzen der Mutter Erde" eine große Heilwirkung zugesprochen. Der arabische Philosoph und Arzt Avicenna (980–1037) schreibt in diesem Zusammenhang über den Rubin: „Dieser Stein ist temperiert. Er besitzt die Eigentümlichkeit, das Herz zu erfreuen und zu stärken. Was den Ort seiner Wirkung anlangt, so ist es offenbar, daß der Stein mit dem Blute zum Herzen gelangt; je näher er der kranken Stelle angewandt, um so wirksamer ist er." Im europäischen Mittelalter wurde der Rubin als Mittel gegen die Pest getragen. In dieser Zeit wurde auch geglaubt, der Stein verdunkele sich bei nahendem Unheil. Eine Ansicht, die sich bis heute im Volksglauben gehalten hat. Ebenso soll er vor Alpträumen schützen. In der Astrologie wird angenommen, der Rubin besäße den „Urfunken des Lebens", und er wird als Glücksstein angesehen. Er soll beim Widder die Intuition und dessen Regenerationskraft verstärken.

Heilwirkung: Gegen Augenleiden, fiebrige Erkrankungen und Koliken. Fördert sexuelle Energie.

Astrologie: Widder; verstärkt Intuition und spendet Regeneration.

Name: Rubin

Gruppe: Korund-Gruppe

Farbe: verschiedene Rotfärbungen

Mohshärte: 9

Spez. Gewicht: 4 (± 0,03)

Kristallsystem: trigonal

Kristallform: sechsseitige Prismen, Rhomboeder

Chemie: Al_2O_3 Aluminiumoxid

Bildungsbereich: in metamorphen Gesteinen, Abbau überwiegend in Seifen

Wichtige Vorkommen: Birma, Siam, Thailand, Sri Lanka, Tansania, Indien

SAPHIR

„Vergleichen wir doch, wenn wir uns poetisch recht hoch versteigen wollen, den klarsten Himmel dem Saphir..."
(Goethe)
Von jeher galt der Saphir zur Bezeichnung der schönsten Bläue, vor allem des Himmels. In der Bibel wird der Saphir vom Propheten Hesekiel erwähnt: „Und ich schaute hin, und siehe, über der festen Platte, die sich ob den Häuptern der Cherube befand und anzusehen wie ein Saphir, war etwas wie ein Thron zu sehen...." Auch in der Apokalypse taucht der Saphir als einer der Grundsteine des „Neuen Jerusalems" auf. Die Bilder der Bibel, in denen der Saphir erwähnt wird, wurden im Mittelalter in einer langen Reihe christlicher Allegorien weiter ausgeschmückt. Er galt in dieser Zeit als „Leitstein" der Kaiser und Könige, die seine Tugenden überschwenglich lobten, nicht zuletzt wegen seiner schon in der Antike bekannten Schutzwirkung, über die Damigeron sagte: „Der Saphir ist von Gott großer Ehren teilhaftig geworden. Diesen Stein pflegen Könige um den Hals zu tragen, denn er ist der kräftigste Schutz."

Als magischem Stein wurden ihm vielfältige Eigenschaften zugesprochen. Hildegard von Bingen war der Überzeugung, daß man den Saphir mit Erfolg gegen Besessenheit anwenden könnte. Nach Konrad von Megenberg besitzt er die Kraft, dem Träger eine friedfertige Gesinnung zu verleihen und ihn gegen Untreue und Haß zu sichern. Auch „Liebestollheit" sollte der Saphir im Mittelalter kurieren.
Außer diesen magischen Fähigkeiten wurden dem Saphir auch adstringierende, d.h. blutstillende Heilkräfte zugesprochen. Auch zur Stärkung des Nervensystems und gegen Herzleiden wird er in der Lithotherapie angewendet.
In astrologischer Hinsicht sieht man den Saphir als „Stein des Glaubens" oder des „Seelenfriedens".
Als heller Saphir soll er die geistigen Qualitäten des Stiers unterstützen; aber auch die Breitschaft, sich mit anderen auseinanderzusetzen. Für die Jungfrau ist der gelbe Saphir in der Astrologie der Schutzstein schlechthin.
Heilwirkung: Gegen Herzbeschwerden, Keuchhusten und Appetitlosigkeit. Blutstillend. Stärkung des Nervensystems.
Astrologie: Stier (heller Saphir); fördert geistige Qualitäten. Jungfrau (gelber Saphir); Schutzstein. Fisch (blau); schenkt Zuversicht. Zwilling (gelb); fördert Selbstverwirklichung. Stier (heller Padparadscha); Glücksstein. Waage (Sternsaphir); Schutzstein.

Name: Saphir

Gruppe: Korund-Gruppe

Farbe: verschiedene Blautöne (kornblumenblau), farblos, grün, rosa, gelb, orange.

Mohshärte: 9

Spez. Gewicht: 3,99 – 4,0

Kristallsystem: trigonal

Kristallform: oft tannenförmige Doppelpyramiden

Chemie: Al_2O_3 Aluminiumoxid, Farbe durch Beimengung von Eisen und/oder Titan

Bildungsbereich: in Basalten, metamorphen Gesteinen und Pegmatiten

Wichtige Vorkommen: Australien, Birma, Sri Lanka, Siam

SARDER

Nach der Überlieferung des Altertums wurde dieser Stein ursprünglich zuerst in Sardes gefunden, einer kleinasiatischen Stadt, die ihm auch den Namen verliehen haben soll. Eine andere These besagt, daß das persische „serd", was gelbrot bedeutet, für den Namen Sarder Pate stand; demnach ist er der „gelbrote Stein". Auch in den antiken Beschreibungen hatte dieser Stein eine solche Farbe, und es ist anzunehmen, daß der Sarder der Antike einen rötlichen Chalcedon meinte. Man sollte sich also auch den in der Apokalypse erwähnten Sarder rötlich vorstellen. Seit dem Mittelalter wurde dann der Name Karneol für diesen Stein gebräuchlich, und der Name Sarder selbst wurde nur noch für braunen Chalcedon verwendet.

Der Sarder wird in der Astrologie als Glücksstein der Skorpione bezeichnet.

Heilwirkung: Gegen Arthritis und Rheumatismus.

Astrologie: Skorpion; Glücksstein.

Name: Sarder (und Sardonyx)

Gruppe: Quarz-Gruppe

Farbe: rotbraune und braunweiße Varietät des Chalcedons

Mohshärte: 7

Spez. Gewicht: 2,58 – 2,64

Kristallsystem: trigonal

Kristallform: faserige Aggregate

Chemie: SiO_2 Siliciumdioxid

Bildungsbereich: in ehemaligen Hohlräumen kieselsäurearmer Vulkangesteine

Wichtige Vorkommen: Brasilien, Indien, Madagaskar

SMARAGD

Um 2000 v.Chr. wurden die ersten Smaragde in der Nähe des Roten Meeres ausgegraben. Sie sollen die Quelle des unermeßlichen Reichtums der Pharaonen dieser Zeit gewesen sein. Die Ägypter bezeichneten den Smaragd als den „Stein der Liebenden" und weihten ihn der Göttin Isis.

„Der Smaragd ist ein edler Stein, und seine Farbe ist grün wie der kühle Grund des Meeres bei strahlendem Himmel und sonnigem Wetter. Er ist einer der besten unter den edlen Steinen und der würdigste, eine königliche Hand zu zieren", so schrieb Bartholomaeus Angaelicus im 13. Jahrhundert. Auch Goethe war vom Smaragd fasziniert. Er vergleicht zum Beispiel die Ottilie seiner „Wahlverwandschaften" mit einem Smaragd.

Bei den Inkas war der Smaragd ein wichtiger Schmuckstein und wurde in den Tempeln verehrt. Die spanischen Konquistadoren Hernán Cortés und Gonzalo Pizarro raubten diese Steine und brachten sie in ihr Heimatland, und viele der heute noch berühmten Smaragde stammen aus diesen Raubschätzen.

Seit seiner Entdeckung war der Smaragd ein geschätzter Heilstein. Man benutzte ihn hauptsächlich als Augenmittel, und im Altertum legte man kleine Smaragdperlen in die entzündeten Augenwinkel.

Der römische Geschichtsschreiber Plinius schrieb über die Heilwirkung des Smaragds: „Wenn die Augen durch Anstrengung geschwächt sind, so werden sie durch das Anschauen des Smaragds wieder gestärkt, und den Augen der Steinschneider tut nichts wohler, denn des Steines sanftes Grün vertreibt die Mattigkeit." Im Mittelalter wurde der Stein bei Kopfschmerzen angewandt, indem der Patient den Stein anhauchen und anschließend über die Schläfen und Stirn streichen sollte.

Astrologisch wird der Smaragd als „Emblem der Hoffnung" dem Krebs zugeordnet und soll für Harmonie und Offenheit sorgen.

Heilwirkung: Gegen bakterielle Infektionen, Kopfschmerzen und Fieber.

Astrologie: Krebs; Emblem der Hoffnung. Verleiht Harmonie. Jungfrau (Trapiche-Smaragd); Glücksstein.

Name:	Smaragd
Gruppe:	Beryll-Gruppe
Farbe:	smaragd-grün, hellgrün, gelb-grün, grün, dunkelgrün
Mohshärte:	7,5 - 8
Spez. Gewicht:	2,67 - 2,78
Kristallsystem:	hexagonal
Kristallform:	sechsseitige Prismen, stengelig
Chemie:	$Al_2Be_3(Si_6O_{18})$ Aluminium-Beryllium-Silicat, grüne Farbe durch Chrombeimengung
Bildungsbereich:	in Pegmatiten und deren Umgebung. In Biotitschiefern und in pneumatologischen und hydrothermalen Gängen
Wichtige Vorkommen:	Kolumbien, Ural, Brasilien, Pakistan, Indien, Österreich (Habachtal)

SPESSARTIN (✦ Granat)

SPINELL

Die meisten Spinelle sind von roter Färbung; es gibt aber auch blaue, grüne und schwarze. Der Name leitet sich vermutlich von dem griechischen Begriff für „Funke" ab, was sich auf die roten, besonders edlen und wertvollen Steine bezieht. Im frühen Mittelalter wurden dem Spinell vor allem bei verschiedenen Entzündungen Heilkräfte zugesprochen; man empfahl ihn aber auch zur allgemeinen Beruhigung und Schlichtung von Streit. Teilweise wurden rote Spinelle mit Rubinen verwechselt. Daher rührt wohl auch der Name eines berühmten Spinells, des „Black Prince's Ruby", der neben dem zweitgrößten Diamanten der Welt die englische Krone schmückt.

Heilwirkung: Bei Entzündungen aller Art; wirkt beruhigend.

Astrologie: Der dunkelblaue Spinell ist Glücksstein des Schützen und soll ihm besonders bei der Entfaltung seiner musischen Neigungen helfen. Der rote Spinell wird dem Skorpion zugeordnet, dessen emotionale Charakterzüge er verstärken soll.

Name:	Spinell
Gruppe:	-
Farbe:	rosa, rot, violett, gelb-orange, blau, dunkelgrün, schwarz
Mohshärte:	8
Spez. Gewicht:	3,58 - 3,61
Kristallsystem:	kubisch
Kristallform:	Oktaeder
Chemie:	$Mg(Al_2O_4)$ Magnesium-Aluminium-Oxid
Bildungsbereich:	in magnetischen und metamorphen Gesteinen, Vorkommen in Seifenlagerstätten

Wichtige Vorkommen: Birma, Siam, Sri Lanka, Afghanistan, Brasilien, Thailand, USA (New Jersey)

STERNSAPHIR (◆ *Saphir bzgl. Geschichte, Heilwirkung und Astrologie*)

Name: Sternsaphir

Gruppe: Korund-Gruppe

Farbe: blau, graubläulich, schwarz

Mohshärte: 9

Spez. Gewicht: 3,99 – 4,0

Kristallsystem: trigonal

Kristallform: oft tannenförmige Doppelpyramiden

Chemie: Al_2O_3 Aluminiumoxid, Farbe durch Beimengung von Eisen und/oder Titan

Bildungsbereich: in Basalten, metamorphen Gesteinen, Abbau überwiegend aus Seifen

Wichtige Vorkommen: Australien, Birma, Sri Lanka, Siam

Bemerkung: Als Cabochon geschliffen zeigt er einen auf der Oberfläche sich bewegenden, sechsstrahligen Stern, der aus drei sich kreuzenden Lichtlinien besteht. Ursache sind feine, parallel angeordnete Hohlkanäle, die das Licht reflektieren.

TANSANIT

In Tansania wurde erstmals 1967 in der Arusha-Mine der Tansanit, eine blaue Edelsteinvarietät des Zoisit, gefunden. Die Fundstelle ist heute schon fast ausgebeutet, da dieser Stein in der schmuckverarbeitenden Industrie sehr begehrt ist. *Heilwirkung: Bisher noch keine Anwendung. Astrologie: Schütze*

Name: Tansanit (blauer Zoisit)

Gruppe: –

Farbe: saphirblau, amethystviolett, blauviolett

Mohshärte: 6,5 – 7

Spez. Gewicht: 3,35

Kristallsystem: rhombisch

Kristallform: flächenreiche Prismen, meist gestreift

Chemie: $Ca_2Al_3[O/OH/Si_2O_4/Si_2O_7]$ Calcium-Aluminium-Silicat

Bildungsbereich: in Gängen und Kluftausfüllungen metamorpher Gesteine

Wichtige Vorkommen: Tansania

TIGERAUGE

Tigerauge, Katzenauge und Falkenauge sind verwandte Steine, allesamt Quarze, die bei entsprechendem Schliff durch ihre faserigen Einlagerungen an Tigeraugen erinnern. Sie wurden in der zweiten Hälfte des letzten Jahrhunderts in Südafrika gefunden. Das Tigerauge ist ein Verwitterungsprodukt des Falkenauges und zeigt, wie der Name andeutet, eine gelblich-braune Farbe. *Heilwirkung: Gutes Mittel gegen Asthma und Erkältung (erwärmt den Körper). Astrologie: Jungfrau*

Name: Tigerauge

Gruppe: Quarz-Gruppe

Farbe: gold-gelb, gold-braun

Mohshärte: 6,5 – 7

Spez. Gewicht: 2,5 – 2,7

Kristallsystem: trigonal

Kristallform: faserige Aggregate

Chemie: SiO_2 Siliciumdioxid

Bildungsbereich: in metamorphen Gesteinen

Wichtige Vorkommen: Südafrika, Westaustralien

TOPAS

Die wertvollste und zugleich bekannteste Art der Topase ist der Goldtopas. Außer diesem gelbbraunen Stein mit seinem warmen roten Unterton gibt es aber auch hellblaue, grünblaue sowie farblose Steine dieser Gattung.

Obwohl bereits in der Bibel erwähnt: „Äthiopiens Topas kommt ihr nicht gleich" (Hiob 28, 19), ist der Ursprung des Namens noch immer ungeklärt. Nach Überlieferungen sollen schiffbrüchige Piraten den Stein zum ersten Mal gefunden haben. Die Insel im Roten Meer, auf der sie gelandet waren, nannten sie ebenso wie den Stein, den sie dort entdeckten: auf arabisch „topazos", was soviel wie „gesucht und gefunden" heißt. Nach anderen Quellen soll der Name von dem altindischen Wort „tapas" abstammen, was soviel wie „Glut" bedeutet.

Dem Topas sind in der Geschichte eine Fülle von Heilwirkungen zugeschrieben worden: Auf eine Wunde gelegt, sollte er das Blut stillen, vor Giften warnen, dem Herzen Kraft geben, das Nervensystem stärken und die Geschmacksnerven intensivieren. Als Pulver gegen die „Trunksucht" war der Topas in der Antike bekannt.

Astrologisch wird der Topas als „Stein der Freude" und der „Vorahnung" angesehen. Der blaue Topas soll der Waage die Melancholie vertreiben und neue Kontakte anregen. Der rosa Topas kann dem Löwen Entscheidungen erleichtern und der Edeltopas soll dem Zwilling Glück bei geschäftlichen Unternehmungen schenken.

Heilwirkung: Stärkt das Herz, intensiviert Geschmacksnerven. Blutstillend. Astrologie: Waage; vertreibt Melancholie.

Löwe (rosa); erleichtert Entscheidungen. Zwilling (Edeltopas); verleiht Glück bei geschäftlichen Unternehmungen.

Name:	Topas (Synonym: Edeltopas)
Gruppe:	–
Farbe:	farblos, gelb, rötlich-braun, braun, hellblau, blau, grün
Mohshärte:	8
Spez. Gewicht:	3,53 ($\pm$ 0,04)
Kristallsystem:	rhombisch
Kristallform:	Prismen mit flächenreichen Köpfen
Chemie:	$Al_2[SiO_4](F, OH)_2$ fluorhaltiges Aluminium-Silicat
Bildungsbereich:	in Pegmatiten, auf Seifen
Wichtige Vorkommen:	Ural, Südwestafrika, USA, Brasilien, Sri Lanka

TRAPICHE-SMARAGD

Eine besondere Kristallisationserscheinung des Smaragdes ist der Trapiche-Smaragd, der in den Chivor- und Muzo-Minen in Kolumbien und neuerdings auch in Sambia gefunden wird. Bei diesem Edelstein haben sich sechs regelmäßig angeordnete Sektoren um ein Zentrum gruppiert, ähnlich wie bei einem Querschnitt durch das Zuckerrohr – daher auch der spanische Name: trapiche = kleine Zuckerrohrmühle.

Als Cabochon geschliffen zeigt diese Anordnung einen fest eingelagerten, sechsstrahligen Stern, der sich als feine schwarze Linien zeichnet.

(➤ *Smaragd bzgl. Heilwirkung und Astrologie*)

Name:	Trapiche-Smaragd
Gruppe:	Beryll-Gruppe

Farbe: smaragd-grün, hellgrün, gelb-grün, grün, dunkelgrün

Mohshärte: 7,5 - 8

Spez. Gewicht: 2,67 - 2,78

Kristallsystem: hexagonal

Kristallform: mikrokristalline Aggregate

Chemie: $Al_2Be_3[Si_6O_{18}]$ Aluminium-Beryllium-Silicat. Grüne Farbe durch Chrombeimengung

Bildungsbereich: in Pegmatiten und deren Umgebung; in Biotitschiefern und in pneumatolytischen und hydrothermalen Gängen

Wichtige Vorkommen: Kolumbien und Sambia

TÜRKIS

Der Türkis erinnert an die Farbe des Meeres. Diese Eigenschaft macht ihn zu einem heiligen Stein der Tibetaner, für die er die Unendlichkeit des Meeres und des Himmels versinnbildlicht.
Auch die amerikanischen Indianer schätzen ihn hoch und tragen ihn zum Schutz gegen negative Strömungen. Neben der Koralle ist er bei ihnen der beliebteste Schmuckstein.
Auch die Ägypter kannten den Türkis. Auf der Sinai-Halbinsel existierten reiche Fundstellen, die schon früh entdeckt und ausgebeutet wurden. Eigentlich bedeutet der Name Türkis jedoch „türkischer Stein" und weist darauf hin, daß die durch die Kreuzzüge nach Europa gelangten Steine von türkischen Stämmen herrühren, mit denen man in Vorderasien zusammengetroffen war. Zur Zeit Zarathustras wurde dieser Stein bei den Persern besonders verehrt und gelangte von dort aus in die Türkei.
Auch der römische Geschichtsschreiber Plinius erwähnt, daß dieser blaßgrüne Stein in Karmanien, einem Teil Süd-

persiens, besonders als Schmuckstück sehr beliebt war und für glücksbringend gehalten wurde – „die Hand, die einen Türkis trägt und damit siegelt, wird niemals arm werden" (Al Kazwini, persischer Gelehrter). So trugen persische Könige Türkise um den Hals und an den Händen, zumal man glaubte, daß sie ihre Träger vor einem unnatürlichen Tod bewahren würden. Es wurde auch behauptet, daß der Stein erblasse, wenn sein Besitzer stürbe. – Im Orient wurde der Türkis häufig von Perlen umrahmt am Turban getragen, um vor dem „bösen Blick" zu schützen.
Noch gegen Ende des 18. Jahrhunderts hielt man Türkise für fossile Zähne oder Knochen, die von stark färbenden Substanzen durchdrungen waren. – Er wurde zum beliebten Modestein des Biedermeier.
Die Astrologie kennt den Türkis als Glücksstein des Wassermanns, bei dem er Intuition und Selbständigkeit fördern soll. Er wird auch als Freundschaftsstein getragen, da er als solcher für Treue und Beständigkeit sorgen soll. Man sagt ihm auch nach, er verstärke meditative und heilkräftige Schwingungen.
Heilwirkung : Gegen Halskrankheiten und Lungenerkrankungen.
Astrologie : Wassermann; verstärkt Freundschaften und fördert Kreativität.

Name: Türkis (Synonym: Kallait)

Gruppe: -

Farbe: himmelblau, blaugrün, türkisblau

Mohshärte: 5 - 6

Spez. Gewicht: 2,6 - 2,8

Kristallsystem: triklin

Kristallform: meist traubig, nierige Aggregate

Chemie: $CuAl_6[(OH)_2/PO_4]_4 \cdot 4H_2O$

kupferhaltiges basisches Aluminium

Bildungsbereich: auf Klüften stark zersetzter Al_2O_3-reicher Gesteine, die Sulfide enthalten

Wichtige Vorkommen: Polen (ehem. Schlesien), Nordostiran (Nischapur), USA (Arizona)

TURMALIN

„Der Turmalin ist dunkel,
und was da erzählt wird,
ist sehr dunkel."
(Adalbert Stifter, „Turmalin")
Schon bei den alten Griechen war der aus Ceylon stammende Turmalin überaus begehrt (gr. „lychnis"). Es hieß, daß er im Dunkeln leuchte, und nach einer griechischen Sage zierte er den Kopf einer Göttin, die damit den ganzen ihr gewidmeten Tempel erhellte.
Diesen farbenprächtigsten aller Edelsteine brachten holländische Seefahrer Anfang des 18. Jhdts. von Ceylon nach Europa, wodurch er quasi „wiederentdeckt" wurde. Ein interessantes Phänomen dieses Steins sprach sich schnell herum: Der Turmalin lädt sich durch Reiben und Erwärmung elektrostatisch auf und zieht dann u.a. Asche an, wodurch auch der Beiname „Aschenzieher" entstand. – Durch die fast unbegrenzte Vielfalt seiner Farbschattierungen wurde der Turmalin zum Lieblingsstein des Biedermeier. Auch wurden ihm zu dieser Zeit geheime Kräfte und magische Eigenschaften zugesprochen; so sollte er beispielsweise die Keuschheit erhalten.
Eine rötliche Variante des Turmalins stammt aus Sibirien, der „Rubellit" (vgl. lat. „rubellus" = rötlich). Astrologisch wird dieser dem Skorpion zugeordnet, dessen „inneres Feuer" durch ihn immer wieder erneuert werden soll. Der Indigolith, eine blaue Turmalin-Art,

soll der Waage Harmonie und Stabilität verleihen. Der grüne Turmalin ist ein Glücksstein des Steinbocks, vor allem in beruflichen Angelegenheiten.
Heilwirkung: Erhält Keuschheit und Gesundheit; stärkt Geisteskraft im allgemeinen.
Astrologie: Skorpion (Rubellit); schenkt „inneres Feuer".
Indigolith: Glücksstein der Waage, sorgt für Harmonie und Stabilität.
Grüner Turmalin: Glücksstein des Steinbocks, besonders in beruflichen Angelegenheiten.

Name: Turmalin

Gruppe: Turmalin-Gruppe

Farbe: farblos, rosa, bräunlich, gelb, tiefbraun, grünlich, rötlich, violett, mehrfarbig (polychrom), schwarz

Mohshärte: 7 – 7,5

Spez. Gewicht: 3,06 (± 0,05)

Kristallsystem: trigonal

Kristallform: meist langgestreckte Prismen

Chemie: $(Na, Li, Ca)Fe^{\cdot\cdot}, Mg, Mn, Al)_3 Al_6 [(OH)_4/(BO_3)_3/Si_6O_{18}]$

Bildungsbereich: in Pegmatiten

Wichtige Vorkommen: Sri Lanka, Madagaskar, Brasilien, Mozambique, Angola, USA, Südwestafrika, Pakistan, Afghanistan

ZIRKON

Orangefarbene bis rotbraune Zirkone wurden in früherer Zeit häufig Hyazinthe genannt. Nach einer griechischen Sage wurde der junge Hyakinthos von Apollon durch einen Diskuswurf getötet, und aus seinem Blut wuchs eine Lilie. Es lag wohl nahe, einen Edelstein nach einer Blume zu benennen.

Die arabische Überlieferung verlieh dem Hyazinth im Mittelalter besondere Bedeutung. Das Steinbuch des Aristoteles, das auf syrischen Quellen des 9. Jahrhunderts basierte und später arabisch, lateinisch und hebräisch bearbeitet wurde, hatte starken Einfluß auf diese Überlieferungen. Es stellte sich jedoch später heraus, daß damals unterschiedliche Steinarten unter diesem Namen zusammengefaßt worden waren, die uns heute als Korunde, Rubine und Saphire bekannt sind. Das ist gerade deshalb so erstaunlich, weil diese Steine völlig unterschiedliche Farben aufweisen. Diese Zusammenfassung verlor sich aber bald, und schon Konrad von Megenberg erwähnt nur noch den Hyazinth, den wir heute als gelben Korund kennen. Erst Ende des 18. Jahrhunderts schließlich erfolgte die genaue Eingrenzung dieser Steine in gelbrote Zirkone, da man in ihnen „Zirkonerde" entdeckte.

In der Magie wurde der Hyazinth geschätzt, da ihm der Ruf anhing, er brächte Frieden. Sein Träger sollte erfahrenes Leid vergessen und zu innerer Zufriedenheit gelangen. Im Mittelalter glaubte man, der Träger eines Hyazinths könne wiederum einem anderen Leidenden zu Beruhigung und Harmonie verhelfen. Der rote Hyazinth sollte jemandem guttun, „dem das Blut krankt". Als Beruhigungsmittel ist der Hyazinth auch in der Lithotherapie bekannt.

In der Astrologie wird er dem Stier zugeordnet. Er soll ihm helfen, sein seelisches Gleichgewicht zu finden bzw. zu stabilisieren.

Heilwirkung: Wirkt beruhigend. Hilft bei Leber- und Nierenerkrankungen.
Astrologie: Stier; Stabilisierung des seelischen Gleichgewichts. Löwe; Glücksstein. Schütze (blauer Zirkon); Schutzstein.

Name: Zirkon

Gruppe: –

Farbe: farblos, gelb, rot, braun, braungrün, rotbraun, blau, blaßnelken-braun

Mohshärte: 6,5 – 7,5

Spez. Gewicht: 3,90 – 4,71

Kristallsystem: tetragonal

Kristallform: kurze, gedrungene vierseitige Prismen

Chemie: $Zr[SiO_4]$ Zirkonium-Silicat

Bildungsbereich: typisches Begleitmineral in sauren magmatischen und metamorphen Gesteinen (Graniten)

Wichtige Vorkommen: Sri Lanka, Kambodscha, Australien, Thailand, Birma, Norwegen

Smaragd: Querschnitt durch einen Trapiche-Smaragd (rechts). Turmalin (nächste Seite).